"Me alegro mucho de que mi amigo Cl[...] *Preocupado por nada porque oro por todo*. [...] de historias personales y verdades bíblicas; sin embargo, no solo te enseña a orar, sino que también explica cómo la oración puede ayudarte a manejar el estrés y la incertidumbre en todas las áreas de tu vida. Imagina cuán increíble será tu vida de oración cuando apliques lo que aprenderás en este libro. ¡Cambiará tu vida para siempre!".

Robert Morris, pastor principal de la Iglesia Gateway y autor de mayor venta de *Una vida de bendición*, *Más allá de toda bendición* y *Tómese el día libre*

"En este libro, *Preocupado por nada porque oro por todo*, Chad Veach nos lleva de regreso a una práctica que a menudo se pasa por alto y se considera innecesaria: la oración. Nos recuerda, de manera práctica y poderosa, que la oración ancla nuestra fe, guía nuestros pasos y guarda nuestros corazones mientras vivimos como colaboradores de Dios en esta tierra".

Sadie Robertson Huff, autora, oradora y fundadora de Live Original

"Si la oración desata la paz, el poder y el propósito de Dios en nuestras vidas, ¿por qué es tan fácil dejar que caiga en el olvido? Este libro cambia nuestro enfoque de lo que está ocurriendo a nuestro alrededor a lo que está ocurriendo en nuestro interior. Es ahí donde se encuentra la verdadera paz".

Steven Furtick, pastor principal de la Iglesia Elevation y autor de mayor venta del *New York Times* de *Bloquea al charlatán*, *Cosas mayores*, y *(Des)calificado*

"A veces, nuestras situaciones más difíciles se pueden resolver aplicando una verdad bíblica muy simple. ¡Chad tiene razón! ¿Por qué preocuparse y estresarse cuando la oración es lo único que necesitas para vencer? Todos los seguidores de Cristo deberían leer este libro".

Jentezen Franklin, pastor principal de Free Chapel y
autor de mayor venta del *New York Times*

"Chad no es solo un amigo cercano; ¡también es mi mentor! El espíritu de Jesús fluye en su interior a diario, ¡y Dios ha estado haciendo una obra increíble en su vida! Es mi oración que puedas leer este libro extraordinario con una mente y un corazón abiertos para acercarte más a Jesús en tu relación personal con Él".

Russell Wilson, mariscal de campo de los *Seattle Seahawks* y
ganador del Súper Tazón

PREOCUPADO POR NADA PORQUE ORO POR TODO

PREOCUPADO POR NADA PORQUE ORO POR TODO

CÓMO VIVIR CON PAZ Y PROPÓSITO EN VEZ DE ESTRÉS Y AGOTAMIENTO

CHAD VEACH

WHITAKER
HOUSE
Español

Preocupado por nada porque oro por todo
Cómo vivir con paz y propósito en vez de estrés y agotamient

Traducción al español por:
Belmonte Traductores
Manuel de Falla, 2
28300 Aranjuez
Madrid, ESPAÑA
www.belmontetraductores.com

Editado por: Ofelia Pérez

ISBN: 978-1-64123-969-1
eBook ISBN: 978-1-64123-970-7
Impreso en Colombia.
© 2023 por Chad Veach

Whitaker House
1030 Hunt Valley Circle
New Kensington, PA 15068
www.whitakerhouseespanol.com

Julia,
sin tu amor, tu confianza y tus oraciones,
realmente no sé donde estaríamos.
Eres una roca; una fuente constante de ánimo
y apoyo para mí, para nuestra familia y
para nuestra iglesia.
No hay nadie como tú. Te amo.

Georgia, Winston, Maverick y Clive,
me encanta escucharlos orar.
Y me encanta orar por cada uno de ustedes.
Que la voluntad de Dios se haga en sus vidas.

Zoe,
siempre he soñado con construir una iglesia
que sabe orar.
Una casa de oración. Gracias por orar
con gran fervor y fe.
Sus oraciones han ayudado a personas en todo el mundo.
El cielo contará su historia.

Índice

UNO

Lo que se me olvidó

Este libro, como algunos de mis hijos, no fue planeado.

Podría parecer una manera extraña de comenzar un libro (o una familia), pero las mejores cosas en la vida a menudo son inesperadas.

Yo pensaba que iba a escribir otro libro sobre liderazgo, porque ese fue el tema del último que escribí y es el enfoque de mi *podcast* y de mi boletín de noticias. La oración ni siquiera estaba dentro de mis planes. La *práctica* de la oración sí que lo estaba, por supuesto, pero no *escribir* sobre ella. ¿Por qué? Porque la oración es una de esas cosas fundamentales e indispensables que tendemos a dar por sentadas, como el oxígeno, o el agua, o el wifi (está bien, tal vez el wifi no está al nivel del oxígeno o el agua, pero a juzgar por la reacción de mis hijos cuando el *router* se apaga por quince minutos, uno pensaría que lo está).

Sin embargo, algo cambió a mitad del año 2020. Estaba de vacaciones con mi familia en Alabama. Nos alojábamos en una casa al lado de un lago y, una mañana, estaba en el porche disfrutando del amanecer, dando sorbos a mi café y leyendo mi Biblia. Y, por supuesto, orando para empezar el día. Esa suele ser mi rutina de las mañanas, aunque normalmente no tengo un lago delante de mí mientras lo hago. Por lo general, suele ser la pared de mi salón y tal vez la cara de alguno de mis hijos que se despertó demasiado temprano.

Mientras estaba allí sentado viendo cómo cambiaban los colores y el mundo se despertaba, Dios me habló. No fue algo dramático o audible, sino más bien un pensamiento susurrado a mi corazón. Me dijo que enseñara a orar a nuestra gente. Eso me sorprendió. ¿Acaso hace falta enseñar eso?

Entonces me acordé de una historia en la Biblia donde Jesús se retiró a orar, lo que era un hábito que Él tenía también. Dudo que tuviera café, pero Él era Dios, así que podía mantenerse despierto sin cafeína. A veces se alejaba antes de que sus discípulos se despertaran. Con frecuencia nadie sabía dónde estaba, ni los discípulos ni las multitudes, porque estaba caminando por las colinas o paseando por algún olivar, simplemente orando. En esta ocasión, cuando Jesús terminó de orar, sus discípulos lo estaban esperando. Su vida de oración tenía algo que los cautivaba. Había una diferencia enorme entre el caminar privado y auténtico de Jesús con Dios y las oraciones públicas y ostentosas que a menudo caracterizaban a los líderes religiosos de la época.

Creo que deseaban la misma paz, la misma pasión y el mismo poder que veían en su Señor, y se dieron cuenta de que su vida de oración era el catalizador de todo eso. Era la salsa secreta, el ingrediente que faltaba... y querían saber más. Cuando Jesús regresó y se encontró con el grupo, uno de ellos dijo lo que todos estaban pensando: *"Señor, enséñanos a orar"* (Lucas 11:1).

Con frecuencia, cuando las personas le hacían una pregunta a Jesús o intentaban obtener una regla fácil de seguir, Él respondía con otra pregunta o con una parábola. No es que se estuviera haciendo de rogar; lo que quería era captar su atención y que exploraran el tema más en profundidad por sí mismos, que no se conformaran con respuestas superficiales.

Jesús podría haber respondido de ese modo. También podría haber dicho: "Simplemente háganlo. Aprendan por el camino" o "estudien las Escrituras y averígüenlo ustedes mismos". Pero no lo hizo. No puso cara de circunstancia y esquivó su pregunta. Yo creo que el deseo que ellos tenían de orar entusiasmó su corazón.

Por lo tanto, Jesús les enseñó a orar.

Piensa en eso. Jesús, el maestro perfecto y divino, hizo a un lado los
planes que tenía para ese día y así
enseñar a su grupo a hacer lo que
mejor sabía hacer Él: orar.

La oración es una habilidad que se aprende.

Les dio una oración simple y específica que nosotros llamamos *Padre Nuestro*, pero era mucho más que una fórmula vacía para recitarla. Era una oración modelo, una plantilla a seguir; un kit de iniciación para los novatos de la oración, por decirlo de alguna manera.

¿Por qué se tomó Jesús el tiempo de enseñar acerca de la oración? Porque, aunque la oración es vital para la experiencia cristiana, es fácil descuidarla y no siempre es intuitiva. En un nivel básico, la oración no es difícil. Cualquiera puede conversar con Dios, y por eso existe el dicho "no hay ateos en las trincheras". Sin embargo, entender los matices y los detalles de la oración toma tiempo. A menudo tenemos ideas equivocadas que dificultan nuestra oración o perspectivas acerca de Dios que no son saludables. Esperamos las cosas equivocadas en la oración o intentamos usarla como no debemos.

Cuando Dios me habló aquella mañana en el lago, comencé a pensar en mi propio caminar de oración. Me di cuenta de que tuve momentos específicos en los que *aprendí* a orar: a veces yo solo, y otras veces a través de la enseñanza y el ejemplo de líderes de la fe. Me di cuenta de que la oración es una habilidad que se aprende.

Eso es importante, porque a veces podemos sentirnos intimidados por ella. Podemos sentirnos frustrados porque no se nos da mejor, porque ya no la disfrutamos o porque no vemos más resultados. Sin embargo, nadie nace sabiendo orar; requiere práctica y experiencia. Vamos creciendo en ella y mejorando. Ese es realmente el propósito de este libro, para ser sincero: *aprender a orar*. Exploraremos los propósitos y la práctica de la oración, así como consejos prácticos sobre cómo orar. Para empezar, me gustaría compartir algunos de esos momentos clave en los que Dios me enseñó a orar.

ALMUERZO Y ORACIÓN

Mi viaje de oración comenzó cuando tenía dieciséis años. Mis padres eran pastores de una pequeña iglesia en el oeste de Washington, así que estaba familiarizado con la oración, la adoración, la predicación, la Biblia, la asistencia a la iglesia y otras disciplinas espirituales. Sin embargo, no me interesaban demasiado. No veía el sentido de todo aquello porque me importaban más el básquet, las chicas, *SportsCenter* y los *SuperSonics* de Seattle que encontrarme con Dios en oración. Y no me importaba vivir así.

Irónicamente, durante aquellos años de adolescencia no podía deshacerme de la sensación de que algún día iba a ser pastor. Intenté ignorarlo, y le dije a todo el mundo que sería entrenador de básquet o DJ; cualquier cosa menos pastor. Estaba decidido a perseguir mi propio futuro, y no podía imaginarme que la iglesia iba a formar una parte tan importante de eso. También estaba profundamente infeliz. Recuerdo sentirme perdido, ansioso e inquieto. Aunque llenaba mi vida de amigos y de deportes, no me sentía realizado y satisfecho. Quería un cambio, pero no sabía cuál.

A los dieciséis años asistí a un gran evento cristiano que se llama *Promise Keepers* (Cumplidores de promesas), y tuve un encuentro auténtico con Dios. Incluso ahora, casi veinticinco años después, no sé cómo describirlo; solo puedo decir que Dios me demostró que Él era real, y a partir de entonces ya nada volvió a ser igual. De la noche a la mañana me di cuenta de que tenía un hambre insaciable de conocer a Dios, y el estrés y el vacío de mi vida me sumergieron en la oración.

Todas las noches a las diez en punto estaba de rodillas al lado de mi cama, orando a un Dios que empezaba a conocer, con mi Biblia delante de mí y música de adoración en mi *Walkman* de Sony sonando a todo volumen en mis oídos. Sí, un *Walkman*. Así de viejo soy. Tenía un *Walkman* cuando eran populares, no "clásicos" o *"vintage"*. Cintas de casete, lado A y B, tener que arreglar la cinta enredada con un lápiz… solo algunos saben de lo que hablo. La oración me calmaba porque me llevaba a un lugar de rendición. Apaciguaba mi ansiedad, llenaba el vacío que había sentido y me daba un amor por Dios y por los demás que nunca había sentido. Seguí llevando a cabo ese ritual nocturno por varios meses.

Cuando comencé mi último año de secundaria, decidí organizar un pequeño grupo de oración durante el receso. Era una escuela pública que tenía mil ochocientos alumnos. No tenía ni idea de lo que estaba haciendo, pero sabía que muchos jóvenes luchaban con el dolor, la depresión y las adicciones, y yo quería que encontraran la misma paz que yo había encontrado. Orar por ellos parecía lo más lógico.

Al principio éramos tres: dos amigos y yo. El receso duraba treinta minutos, así que todos los días comíamos el almuerzo en quince minutos y nos íbamos a un salón de clases vacío para orar durante los quince minutos restantes. Cuando sonaba la campana, nos íbamos a clase. No éramos "buenos" orando. Nuestras oraciones eran de todo menos elocuentes: solo éramos tres muchachos que nos acercábamos a Dios para pedir por las necesidades que veíamos en nuestros amigos, en la escuela, y en nosotros mismos. Poco después, invitamos a algunos amigos más. En una semana éramos cinco, luego siete, luego diez, veinte, treinta...

Se propagó la voz y la gente tenía curiosidad, así que se acercaron más jóvenes para ver de qué se trataba aquello. Tuvimos que cambiarnos del salón de clases a la sala del coro porque nos quedamos sin espacio suficiente. Comenzaron a llegar incluso más alumnos: cuarenta, después sesenta y luego ochenta. Ya no cabíamos en la sala del coro, así que nos trasladamos al gimnasio.

Estos tiempos de oración estaban abiertos a todos los cursos de la secundaria. Llegaban los atletas, los empollones, los góticos, los que no encajaban, los nuevos y los populares. Acudían todos los que se sentían solos, y también quienes sabían que no estaban bien. Llegaban los que buscaban aceptación, consuelo o fortaleza. Todos eran bienvenidos, y todos llegaban. No predicábamos ni compartíamos nada sobre la Biblia, simplemente nos ofrecíamos a orar por necesidades específicas. Algunos pedían oración por familiares enfermos, un examen importante, una adicción a las drogas, una ruptura amorosa o un partido importante. Entonces, uno de mis amigos o yo orábamos por las peticiones. Y Dios intervenía.

Jóvenes fueron liberados de la anorexia y el alcoholismo; decenas de muchachas y muchachos fueron salvos. Teníamos un encuentro con Dios de modo real y transformador. Conozco a seis o siete personas que son pastores en la actualidad y que estaban presentes en aquellas reuniones de oración en los recesos. Ese año de oraciones sencillas y sin guion nos marcó para siempre.

VAGANDO POR LAS MONTAÑAS DE LOS ÁNGELES

Mi segunda gran experiencia con la oración comenzó justamente después de graduarme de la secundaria. Por ese entonces, había aceptado el llamado que Dios me había hecho a entrar en el ministerio. Me gustaba mucho el básquet (y todavía me gusta), pero me di cuenta de que no estaba llamado a enseñar a jóvenes a lanzar o a driblar. Estaba llamado a pastorear personas.

Una iglesia en el este de Los Ángeles me invitó a trabajar con su grupo de jóvenes. Terminé quedándome allí por seis años, y disfruté cada minuto. Me enamoré de las personas; no tenían mucho dinero, pero eran trabajadoras, valientes, y estaban llenas de vida. Durante ese tiempo conocí a un argentino que se llamaba Yoel Bartolomé. Trabajábamos juntos en una iglesia en California, y él se convirtió en un mentor para mí. Cada dos o tres semanas nos veíamos en una gasolinera a las seis de la mañana y conducíamos hasta las montañas de San Gabriel. Allí nos separábamos, y vagábamos por las laderas orando y buscando a Dios.

Igual que los tiempos de oración del receso, esos momentos en las cumbres de las montañas se convirtieron en parte de la esencia de mi caminar con Dios. Estar al aire libre y rodeado de la creación siempre es un buen recordatorio de que hay alguien más grande que tú ahí afuera. Tal vez era eso lo que Jesús hacía cuando se apartaba a los montes a orar: conectaba con un Dios cuyo poder, al igual que su amor, no tiene límite. En la secundaria, conocí a un Dios personal. Él conocía mi nombre y le importaban mis necesidades.

En las montañas, conocí a un Dios grande. Un Dios soberano y con una misión clara que no solo conocía mi nombre y me cuidaba, sino que también amaba al mundo. Un Dios que quería usar mi vida como parte de su plan.

ORANDO POR PUYALLUP

Los tiempos de oración en las montañas fueron algunos de los más memorables de mi temporada en el este de Los Ángeles. Sin embargo, esa etapa de mi vida terminó cuando en el año 2004 me mudé a Puyallup, en Washington, un pueblo de treinta y cinco mil personas al sur de Seattle conocido por organizar la Feria Estatal de Washington, y por tener los mejores bizcochos del mundo. En serio; extraño esos bizcochos.

Me habían ofrecido un trabajo en una iglesia en Puyallup. Sabía que era la decisión correcta pero, para ser sincero, no quería ir allí. No tengo nada en contra de Puyallup, pero estaba enamorado de Los Ángeles. El ritmo de la ciudad, las personas, la cultura, el clima, las palmeras, los Lakers, la comida… parecía mucho a lo que renunciar a cambio de unos bizcochos.

Recuerdo estar conduciendo hacia el norte por la autopista mientras salía de Los Ángeles y quejarme con Dios acerca de la dirección en la que la vida me estaba llevando. Repentinamente, Él interrumpió mis quejas. No puedo explicar la experiencia con palabras; solo sé que era Él. Me habló de modo muy específico: *Algún día te mudarás aquí de nuevo. Comenzarás una iglesia, y vivirás aquí el resto de tu vida.*

Justo en ese momento sonó mi celular: era mamá. Me dijo: "Chad, estaba orando ahora mismo por ti, y Dios me habló. Me dijo que algún día te mudarás de nuevo a Los Ángeles, comenzarás una iglesia y vivirás allí el resto de tu vida". Las lágrimas comenzaron a caer por mi rostro; a duras penas podía ver para conducir. El sentimiento de pérdida fue reemplazado por la seguridad de un llamado soberano. La ansiedad y la frustración habían dado paso a la paz. En ese instante supe que todas mis temporadas estaban en sus manos y que cada paso había sido planificado por Él. Dios iba a guiarme y usarme en Puyallup.

Comencé a trabajar con los jóvenes de la iglesia. Nos reuníamos los domingos en la noche, porque las noches entre semana estaban demasiado llenas de actividades escolares. Mi rutina de los domingos era ir a la iglesia en la mañana, ir a casa a cambiarme de ropa, jugar al básquet un par de horas, y después ir directamente a la iglesia a las tres de la tarde para preparar todo para la reunión de jóvenes, que comenzaba a las siete. Ponía música de adoración mientras colocaba las sillas y oraba por cada una.

Poco después invité a algunos jóvenes a que me acompañaran en esos tiempos de oración, y por cuarenta y cinco minutos caminábamos por la sala orando por la reunión. A veces nos sentábamos o nos tumbábamos en el piso buscando a Dios y orando por nuestra generación. Con el tiempo, más personas comenzaron a llegar para orar, hasta que éramos unos quince o veinte que nos juntábamos todos los domingos a las tres de la tarde. Hicimos eso por nueve años. Y, de nuevo, Dios intervino.

Cuando nos juntamos para nuestra primera reunión de jóvenes un domingo en la tarde, llegaron veinticuatro estudiantes. Después de nueve meses, eran seiscientos. Durante esos nueve años, miles de jóvenes conocieron a Jesús, construyeron relaciones y encontraron paz. Sus vidas cambiaron, y las consecuencias de esos cambios se hicieron notar en sus familias y amigos. Con el tiempo, llegamos a organizar nuestra propia conferencia anual de jóvenes, producíamos nuestra propia música, y muchas más cosas.

Fue mucho más de lo que yo soñé cuando dejé Los Ángeles. Fue astronómicamente mayor de lo que pude haber imaginado cuando estaba en mi último año de secundaria liderando reuniones de oración durante el receso. Esto era completamente sobrenatural; no hay otra forma de explicarlo.

GEORGIA

Puyallup terminó siendo una temporada hermosa y soberana de mi vida, pero no solo por la iglesia. Allí conocí y me casé con mi esposa, Julia, en el año 2008. Julia es mi compañera en todo. Es mi roca, mi inspiración y mi heroína. Es lo mejor que me ha pasado en la vida además de Jesús. En 2011 nació nuestra hija Georgia, y cuatro meses después le diagnosticaron lisencefalia (o cerebro liso), una enfermedad rara que afectaba al desarrollo de su cerebro. Escribí acerca de Georgia y de nuestro proceso con sus dificultades de salud en mi libro *Unreasonable Hope* [Esperanza irracional].

¡Eso sí que fue un golpe directo al corazón! Esas noticias y los meses que siguieron fueron desafiantes, por decir lo menos. La oración cobró un nuevo significado para mí a través de esta experiencia. Podrías pensar que estuve enojado con Dios o desesperado por encontrar una solución, y que mis oraciones reflejaron eso. Hubo momentos en los que era así, pero por lo general, teníamos un sentimiento profundo de la presencia y la gracia de Dios en nuestras vidas. Cuando oraba por Georgia, sentía la confirmación de Dios, no de que sería sanada, sino de que no estaba quebrada. Ella era perfecta, hermosa y amada. En esa temporada aprendí que la oración significa mucho más que tan solo obtener respuestas o milagros de parte de Dios. Significa *estar* con Él y recibir paz, fortaleza y vida directamente de Él.

En el año 2014, después de una breve temporada en Seattle para poner los pies en la tierra y prepararnos para el futuro, nos mudamos a Los Ángeles para plantar una iglesia. La promesa que había oído de parte de Dios cuando estaba orando (bueno, más bien quejándome, ¡aunque la queja también es una forma de oración válida!) mientras conducía hacia Puyallup años atrás, por fin se estaba haciendo realidad.

La Iglesia Zoe comenzó en 2015 y ha sido un viaje de locura, hermoso y asombroso. Julia y yo sabemos que hemos sido llamados a servir a las personas y a levantar una iglesia saludable que ama a su comunidad. No somos expertos en fe o en hacer iglesia, ni tampoco hemos "llegado" a algún lugar de éxito (¿acaso alguien lo hace en algún momento?). En lugar de eso, estamos aprendiendo constantemente de las personas a nuestro alrededor y creciendo con ellas.

Uno de esos momentos de aprendizaje llegó en 2019 cuando visité una iglesia increíble en Bogotá (Colombia), cuyo pastor es Andrés Corson y a la cual asistían más de cuarenta mil personas. La presencia de Dios era tangible en sus reuniones, y escuché historia tras historia de personas que habían sido cambiadas por el poder de Dios. Fue más que inspirador no solo por el tamaño, sino también por la influencia y el mover de Dios que eran tan evidentes. La iglesia se llama El lugar de Su presencia. Me encanta ese nombre. Es un reflejo de su compromiso, no con la religión, con una organización o con un pastor, sino con *Dios mismo*. Un compromiso con su presencia, su voluntad y su amor.

Sin embargo, una de las cosas que más me llamó la atención, fue sus reuniones de oración temprano en las mañanas. He estado en bastantes reuniones de oración en las mañanas a lo largo de mi vida. Por lo general, hay un puñado de personas fieles medio despiertas, medio zombis, en una habitación, algunas de ellas buscando a Dios y otras soñando con un desayuno caliente. O ambas cosas, si somos sinceros. Pero ese no era el caso en Bogotá. Me dijeron que unas *tres mil* personas se juntaban todos los martes y jueves para orar a las 6:00 de la mañana todo el año, un año tras otro. No me extraña que la iglesia estuviera experimentando la presencia de Dios de manera tan real. No me extraña que estuviera teniendo un impacto sobre la ciudad y el país.

LA PIEZA QUE FALTABA

Aquella mañana junto al lago, mientras el día iba haciéndose cada vez más caluroso y mi café se enfriaba cada vez más, recordé cada uno de esos momentos: los grupos de oración del receso, las montañas a las afueras de Los Ángeles, las sesiones de oración a las 3:00 de la tarde en Puyallup, las largas noches orando por Georgia, y la iglesia en Bogotá. Entonces, me pareció como que Dios me preguntaba: *¿Qué hace que una gran persona lo sea? ¿Qué hace que una iglesia sea increíble?* Vinieron a mi mente cosas como el amor, el carácter, la generosidad y la sabiduría; sin embargo, mientras Dios me recordaba esas experiencias con Él que me habían cambiado la vida, me di cuenta de que me faltaba algo. Me faltaba la oración.

> La oración te conecta con Dios, y estar conectado con Él lo cambia todo.

La oración había estado en el corazón de todos los encuentros que había tenido con Dios y de cada una de las temporadas de mi ministerio. Era el elemento ignorado que anclaba mi fe, guiaba mis pasos y guardaba mi corazón. Era la razón por la que los estudiantes pasaban la mitad de su tiempo de receso en el gimnasio. Era el motivo por el cual nuestro grupo de jóvenes explotó de veinticuatro personas a más de seiscientas. Era el poder que estaba detrás de la iglesia en Bogotá y de otras iglesias en todo el mundo. Escuché que Dios me decía, de manera simple: *Chad, este año añade oración a la iglesia.*

Nuestra iglesia tiene personas, líderes y ministerios increíbles. Estábamos haciendo muchas cosas buenas por las personas de nuestra comunidad, pero ahora era el momento de crecer en la oración. Dios nos estaba llamando a encontrarnos con Él y conocerlo a través de la oración como iglesia y también como individuos.

La semana siguiente enseñé en nuestra reunión de equipo acerca de la oración. Unos meses después, comencé una serie de sermones sobre la oración y también creamos una tarjeta de oración para entregar a nuestra iglesia (está incluida al final de este libro). Además, intensificamos nuestros tiempos específicos y habituales de oración como nunca antes. Ahora estoy escribiendo un libro acerca de la oración. Sí, inesperadamente, pero lleno de entusiasmo.

Mi enfoque a lo largo de estas páginas estará en cómo la oración puede ayudarte a manejar el estrés, la incertidumbre y las curvas ciegas en todas las áreas de tu vida. Analizaremos cómo, a través de la oración, involucramos a Dios en todas las facetas de nuestro día a día, incluyendo nuestras emociones, finanzas, fe, ministerio y muchas más.

Soy pastor, pero antes que eso soy esposo, padre, vecino, amigo, jefe, fan de los Lakers, y en líneas generales un ser humano normal. Me he dado cuenta de que la oración tiene un lugar en todas las áreas de mi vida, y especialmente en la de los Lakers (vamos, si no oras por tu equipo ¿eres fan de verdad?). Y lo mismo se aplica para ti. Sin importar cuál sea tu edad, género, situación financiera, estado civil, aspiraciones profesionales, equipo favorito o cualquier otra variable, necesitas la oración. De hecho, llegarás a amarla (¡si es que no lo haces aún!). La oración te conecta con Dios, y estar conectado con Él lo cambia todo.

Mientras lees, ten en cuenta que hay términos como *ansiedad* y *temor* que utilizaré para abarcar un amplio espectro de comportamientos, emociones y salud mental. Lo último que quiero es dar a entender que tengo respuestas fáciles para problemas que van más allá de mis conocimientos o mi formación. Tampoco estoy diciendo que la oración debería sustituir otras acciones y estrategias tangibles. Esa clase de rechazo superficial y barato se llama *bypass espiritual*, y le hace un flaco favor a la oración. Tengo un capítulo entero para hablar de eso más adelante.

La oración no resta importancia a la terapia, los medicamentos o cualquier otro tratamiento; todo lo contrario. Tengo un profundo respeto por los terapeutas, psicólogos, doctores, científicos y otros expertos en sus respectivos campos que están contribuyendo a nuestra comprensión de estas emociones tan complejas. Creo que la sanidad, igual que la verdad, tiene muchas facetas. Eso significa que, con frecuencia, Dios produce restauración a través de diferentes fuentes de crecimiento y conocimiento a la vez. La oración y la ciencia no son mutuamente excluyentes, sino que trabajan juntas.

No dejes de hacer lo que te está funcionando. Sigue aprendiendo y creciendo, y encuentra y usa las herramientas que puedas para lidiar con lo que estás enfrentando. Pero, en esa búsqueda, ¡no dejes de lado la oración! Siempre puedes añadir más oración a tu vida, y puede que te sorprendas de lo mucho que ayuda. El propósito de la oración nunca fue ser relacionada con reuniones aburridas de iglesia o lenguaje religioso y elegante. Siempre ha sido un modo de que personas *reales* puedan hablar con un Dios *real* acerca de temas *reales*.

Sin importar quién seas o lo que estés enfrentando, creo que crecer en tu vida de oración te cambiará, igual que me ha cambiado a mí y a tantos otros. No porque la oración sea una actividad mágica en sí misma, sino porque te conecta con Dios. La oración es el vehículo, no el destino. Es el método, no la meta. *Dios mismo* es el destino y la meta; la oración tan solo nos acerca a Él.

El objetivo de este libro, entonces, es simplificar la oración, no complicarla. Es colocarla de nuevo en el lugar que debería ocupar, que es el mismo lugar en el que nos encontramos tú y yo. La oración es para *nosotros*, al fin y al cabo, y es el privilegio que Dios nos ha dado, nuestro regalo y nuestra responsabilidad.

Creo firmemente que ya eres una persona asombrosa ante los ojos de Dios. Has llegado lejos, has hecho mucho y has vivido en fe y en amor. Dios quiere aumentar lo que eres, no cambiarlo, y quiere expandir tu corazón, tu capacidad y tu llamado. Él quiere añadir la oración a la persona increíble en la que te has convertido. Te va a encantar ver hasta dónde te lleva la oración, sin importar lo poco planificado o inesperado que eso pueda ser.

LA ORACIÓN LO CAMBIA TODO... PERO PRINCIPALMENTE TE CAMBIA A TI

Cuando yo era adolescente, mis padres existían principalmente para proveerme cosas. Estoy seguro de que, cuando mis hijos lleguen a la adolescencia, estaré del otro lado de esa mentalidad. Como adolescente, uno no piensa muy a menudo en sus padres a menos que necesite algo, o que ellos estén impidiendo que haga lo que quiera. Es la ley de la adolescencia.

Por suerte, eso cambia. Crecemos, encontramos empleo, y desarrollamos empatía y un poco de humildad. Tenemos nuestros propios hijos, y entonces desearíamos haber sido más pacientes y llenos de gracia con nuestros padres. Descubrimos que *lo que significan para nosotros* importa mucho más que *lo que nos dan*. Yo soy un hombre adulto que tiene una familia, una casa y un empleo. No "necesito" que mis padres me den nada, pero mi relación con ellos es genuina, profunda, satisfactoria y vital. Mi modo de valorarlos ha cambiado drásticamente desde que era adolescente. Si soy sincero, a veces he visto a Dios del modo en que veía a mis padres.

Al principio, Él estaba ahí para proveer para mis necesidades, pero eso era prácticamente todo.

Sin embargo, he cambiado. He crecido, por así decirlo, y ahora me asombro de lo mucho que Dios significa para mí, lo mucho que Él hace, y cuán importante es ahora mi relación con Él. He aprendido que, como mis padres, *lo que Dios es* importa mucho más que *lo que me da*. Por lo tanto, si oro solamente para obtener algo de Dios, me estoy perdiendo la mayoría de los propósitos de la oración.

En los siguientes capítulos exploraremos los beneficios de la oración. Haremos preguntas como estas: ¿Por qué necesito a Dios? y ¿Para qué sirve la oración? Te darás cuenta de que el último capítulo es el único que habla acerca de la oración *contestada*. Las oraciones contestadas son impresionantes, por supuesto, pero la verdad es que están al final de la lista de importancia. El resto de los capítulos se enfocan en lo que la oración hace *en nosotros, a través de nosotros* y *por nosotros*. En el cuadro general de la vida esas son las cosas que más importan. La oración cambia las cosas. Principalmente a ti.

—————— DOS ——————

Relajado en una montaña rusa

Oración y paz

Aún recuerdo jugar a las escondidas con mis amigos cuando era niño. Me escondía debajo de una cama o en un armario mientras alguien contaba hasta diez, y después esa persona registraba toda la casa en busca de una víctima. Después de unos momentos, era inevitable escuchar pasos justo al lado de la cama o afuera del armario, y me daba cuenta entonces (demasiado tarde) de que había escogido el escondite más obvio de toda la habitación, como si fuera un novato.

Solía estar tan aterrorizado como si me estuviera escondiendo de un asesino de verdad. Sentía que el corazón se me salía de su posición normal en el pecho y me subía por la garganta. No había nada que hacer sino aguantar la respiración y esperar que el "buscador" supusiera que nadie sería tan estúpido como para esconderse donde yo estaba. Y cómo no, ese sería el momento en el que sentiría una necesidad irresistible de toser. Dos minutos después, solía encontrarme contando hasta diez mientras mis amigos corrían para esconderse, pero por lo menos ahora me tocaba a mí infligir terror al resto del grupo.

¿No es extraño que nuestra idea de pasarlo bien era ponernos a nosotros mismos de modo intencional en situaciones aterradoras?

Sin embargo, esta fijación con el temor se mantiene cuando crecemos. Como adultos, pagaremos a un terapeuta cien dólares para que nos ayude a manejar nuestra ansiedad; y al día siguiente pagaremos otros cien dólares para ir a un parque de atracciones y pasar un rato aterrador en una montaña rusa. Y, por alguna razón, eso tiene todo el sentido para nosotros.

Si nuestro concepto enrevesado de diversión nos enseña algo, es que el temor es una parte normal de la experiencia humana. Fuimos diseñados para manejar cierto nivel de temor, ansiedad, estrés y preocupación. Dios nos dio la capacidad de atravesar las incertidumbres de la vida sin perder la cabeza. La presencia del temor no es el problema. El problema es cuando nuestro temor se hace tan abrumador que nos roba nuestra *paz*. La mayoría de nosotros tenemos demasiada preocupación y muy poca paz en nuestro día a día.

Mientras escribo estas palabras, hemos pasado un año y medio viviendo una pandemia mundial que parece empeorar en lugar de mejorar. Al mismo tiempo, la desigualdad racial, altercados políticos, conflictos internacionales, desastres mundiales, el cambio climático, y otros asuntos complejos y urgentes, llenan de igual manera nuestras mentes. La constante estimulación que recibimos de nuestras redes sociales solo añade al bombardeo mental y emocional. ¿Soy solo yo, o todo esto parece demasiado abrumador? Estamos preocupados por todo porque todo merece preocupación.

En el año 2020 la Asociación Americana de Psicología publicó su reporte anual de "Estrés en América". Antes de sumergirse en una descripción de diez páginas del aumento de la ansiedad y el estrés que enfrenta los Estados Unidos, el artículo enumera los causantes de estrés que pesan en la mente de las personas, y después afirma directamente: "Es la combinación inusual de estos factores y el bombardeo persistente de una crisis que no muestra signos de retroceder lo que conduce a la AAP a dar la voz de alarma: Nos enfrentamos a una crisis nacional de salud mental que podría tener serias consecuencias sociales y de salud durante años".[1] Sus estadísticas demuestran que tenemos unos niveles de estrés en nuestras vidas que son una locura. Hay demasiadas razones para preocuparse.

> **Es posible que tengas que hacer algo más que solamente orar, pero, sin duda, no hagas menos.**

¿Cómo podemos hacernos camino en un mundo lleno de tanta incertidumbre? ¿Cómo procesamos los temores normales y los estresantes de la vida de modo saludable? ¿Cómo podemos mantenernos confiados sabiendo que las cosas van a salir bien, que veremos la luz al final del túnel, y que somos lo suficientemente buenos para poder completar la tarea? ¿Cómo podemos relajarnos en esta montaña rusa que es la vida? No necesitamos eliminar el temor; lo único que necesitamos es algo *más grande* que el temor. Necesitamos paz verdadera.

DIOS DE PAZ

Claro, podrías estar pensando. *Lo dices como si fuera fácil. Sería maravilloso tener paz, pero ¿cómo encuentro una paz mayor que todas las cosas que estoy atravesando?* Pues bien, me gustaría sugerirte una fuente de paz muy eficaz y a la vez poco reconocida: la oración. Estoy seguro de que lo viste venir, ya que el título de este libro es literalmente *Preocupado por nada porque oro por todo,* pero deja que me explique.

---

1 American Psychological Association, *Stress in America 2020: A national mental health crisis,* www.apa.org/news/press/releases/stress/2020/sia-mental-health-crisis.pdf, p. 1.

La oración es realmente una de las mejores maneras de encontrar paz, y la paz es uno de los resultados más inmediatos y visibles de la oración. Si necesitas paz, *ora*. Es posible que tengas que hacer algo más que solamente orar, pero, sin duda, no hagas menos.

Te prometo que la oración marcará la diferencia. No puedo ni comenzar a contar las veces que he pasado de un estado de pánico a un estado de paz en cuestión de minutos, simplemente por orar cuando me rodeaban mis temores. Jesús dijo a las multitudes que le escuchaban: *Vengan a mí todos ustedes que están cansados y agobiados, y yo les daré descanso. Carguen con mi yugo y aprendan de mí, pues yo soy apacible y humilde de corazón, y encontrarán descanso para su alma* (Mateo 11:28-29).

La práctica de la oración no produce una paz superficial y pasajera; produce una paz verdadera que perdura y llega al alma. Cuando acudimos ante Dios encontramos paz para nuestro ser interior; encontramos paz para nuestra alma. Puede que nuestras circunstancias no cambien, pero nuestra alma encuentra paz.

En otra ocasión, Jesús les dijo a sus discípulos: *La paz les dejo; mi paz les doy. Yo no se la doy a ustedes como la da el mundo. No se angustien ni se acobarden* (Juan 14:27). Jesús sabía que estaban ansiosos por el futuro, y quería recordarles que el antídoto para esa ansiedad no era un cambio externo, sino una conexión interna con Dios. La paz divina es mayor que cualquier fuente o estado de paz que el mundo puede ofrecer.

En ambos pasajes, Jesús se presenta a sí mismo como la fuente de paz. Eso es importante, porque la oración es nuestra conexión con Dios en tiempo real. Cosas como la consciencia plena, escribir en un diario y el yoga se enfocan a menudo en conectar contigo mismo y con el mundo que te rodea, lo cual es importante; sin embargo, la oración te conecta con *Dios*. Ese es un nivel completamente diferente de plenitud y paz. La oración no son palabras vacías susurradas al viento, ni tampoco es una técnica de relajación. La oración es un canal poderoso para producir paz porque nos lleva a la presencia de un Dios soberano, real, compasivo, que está presente y que actúa. Cuando oramos, interactuamos con el Dios de paz. El título "Dios de paz" aparece varias veces en la Biblia, y es uno de mis favoritos.

> *El Dios de paz sea con todos ustedes. Amén.*
> (Romanos 15:33)

> *Muy pronto el Dios de paz aplastará a Satanás bajo los pies de ustedes.*
> (Romanos 16:20)

> *Y el Dios de paz estará con ustedes.* (Filipenses 4:9)

> *Que Dios mismo, el Dios de paz, los santifique por completo.*
> (1 Tesalonicenses 5:23)

En este mundo de locura anhelamos encontrar paz en todos los niveles. Queremos paz interna y externa. Queremos paz financiera, paz física, paz emocional, paz espiritual, paz familiar y paz mundial. Sin embargo, no llegaremos a encontrar plenamente esa paz si la buscamos en nuestras fuerzas. El mundo es sencillamente demasiado grande, y por consiguiente, se escapa de nuestro control. Ahí es donde destaca realmente la oración.

La oración nos conduce a un Dios cuyos caminos son más altos que los nuestros y cuyo poder es más grande que el nuestro. No pasa por encima de nuestras habilidades, recursos, fortalezas o sabiduría, sino que va más allá de ellos. La oración nos recuerda que no tenemos que depender de nosotros mismos para atravesar todas las complejidades de la vida. No estamos solos. Nunca estamos solos.

PAZ > RESPUESTAS

El pasaje bíblico que inspiró este libro es Filipenses 4:6-7:

> *No se preocupen por nada; en cambio, oren por todo. Díganle a Dios lo que necesitan y denle gracias por todo lo que él ha hecho. Así experimentarán la paz de Dios, que supera todo lo que podemos entender. La paz de Dios cuidará su corazón y su mente mientras vivan en Cristo Jesús.*
>
> (NTV, énfasis añadido)

Observemos la conexión directa entre llevar nuestras preocupaciones ante Dios mediante la oración y recibir su paz, que es una paz que "supera todo lo que podemos entender"; una paz que "cuidará [nuestro] corazón y [nuestra] mente". Pablo dice que, cuando te sientas ansioso, lo tomes como una señal de que necesitas orar. Y, cuando oras, recibes paz. A menudo, cuando voy a orar pienso que necesito resultados, pero termino de hacerlo y lo que recibo es paz. Y eso es mucho mejor. ¿Por qué? Porque las oraciones contestadas solo producen paz temporal y alivio momentáneo. Es maravilloso cuando eso ocurre pero, si somos sinceros con nosotros mismos, sabemos que habrá más problemas a la vuelta de la esquina.

La paz de Dios, sin embargo, sobrepasa mis circunstancias. Me asegura que, incluso si mi situación actual no ha cambiado, Dios es más grande que esa situación y Él es digno de mi confianza. Tal vez obtenga la respuesta que quiero de mi oración, o tal vez no; pero tengo paz, y esa paz es suficiente. Aun así, oro por lo que necesito y quiero, por supuesto, pero no intento obtener mi paz de las oraciones contestadas. Obtengo mi paz de *Dios*. Él es la fuente de

Ora hasta que encuentres paz. las respuestas y el enfoque de mi esperanza. Él es el único suficientemente grande como para cuidar de mí y de mis seres queridos. Sin importar cuán inquietante o estresante se ponga la vida, Dios no cambia. Y, como lo conozco a Él, conozco la paz.

Si has considerado la oración como un espacio en el que le ruegas a Dios por lo que quieres o necesitas, es el momento de cambiar tu enfoque. No busques solo respuestas. Busca paz. Y no busques cualquier paz; busca la paz que sobrepasa todo entendimiento, la paz que viene de parte del Dios de paz mismo.

Sí, súbete a las montañas rusas si eso es lo que te gusta. Y, si tienes niños, juega a las escondidas con ellos enseñándoles el bello arte de darse sustos de muerte. Pero no pierdas la paz. No dejes que los problemas y las preocupaciones de un mundo incierto superen la certeza y la tranquilidad de que Dios está contigo.

Tienes un Padre en el cielo que te conoce, se interesa por ti y te protege. Solo Él puede dar descanso a tu alma, y ese descanso siempre está disponible a través de la oración. No te preocupes hasta morir.

Ora hasta que encuentres paz.

TRES

Sírvete tu propio cereal

Oración y propósito

Tengo muchos hijos. Eran cuatro la última vez que conté, pero siempre me parece que son más. Ahora mismo tienen entre tres y diez años, así que, como podrás imaginar, nos mantienen ocupados a mi esposa Julia y a mí. Una cosa que he observado acerca de los niños es que han conseguido hacer de la queja una forma de arte. Los adultos también se quejan, por supuesto, pero los niños son menos sutiles a la hora de hacerlo. Sin embargo, es bueno que sean insistentes y escandalosos; de lo contrario, es posible que nunca se les escuche. Al fin y al cabo, sus bocas están a menos de un metro del suelo, así que gritar mirando al cielo es la clave para que los adultos que los rodean hagan caso a lo que piden. Desde que respiran por primera vez), aprenden a usar sus pulmones, y después sus palabras, para conseguir lo que quieren.

Algunas personas utilizan la oración de ese modo. Parecen pensar que, si gritan mirando al cielo y se quejan lo suficientemente fuerte y por mucho tiempo, Dios por fin les prestará atención y les otorgará sus deseos.

En primer lugar, a diferencia de las madres y los padres humanos, Dios tiene la capacidad ilimitada de prestarnos atención y cuidarnos. Él es el mayor experto en hacer muchas cosas al mismo tiempo.

No tenemos que gimotear, quejarnos, y dar la lata a Dios hasta que Él finalmente haga lo que queremos que haga. Él ya está de nuestro lado, y conoce y le importan nuestras necesidades incluso antes de que pensemos en ellas u oremos por ellas.

En segundo lugar, quejarse puede ser una forma de ignorar la responsabilidad personal. Según han ido creciendo mis hijos, me he dado cuenta de que hago algo que estoy seguro de que mis padres solían hacer también. Les devuelvo sus peticiones. "¿Tienes hambre? ¡Pero si hemos cenado hace catorce minutos! Bueno, lo entiendo, estás creciendo. Pues adelante, tú sabes cómo preparar un bol de cereales. Avísame si necesitas ayuda para alcanzar la leche". "¿No encuentras tu fiambrera? Qué raro. ¿Revisaste en tu mochila? ¿Debajo de la cama? ¿En el armario? Ve a buscar de nuevo. Si no la encuentras, ve a pedirle ayuda a mamá. Es broma, yo te ayudo. Pero pregúntale también a mamá sin decirle que te he mandado yo".

"¿Estás aburrido? Vaya, lo siento cariño. Pero mira, esto no son vacaciones en Disney, y yo no soy el director de entretenimiento. Tienes un cuarto lleno de juguetes, así que saca tu creatividad. Cuando yo era niño, ni siquiera se había inventado la electricidad y aún así nos divertíamos mucho". Animo a mis hijos y espero que, de acuerdo a su edad, hagan lo que sé que son capaces de hacer. Negarme a hacer por mis hijos lo que sé que pueden hacer por sí mismos es una *buena* crianza de los hijos.

Como padres, preparamos a nuestros hijos para que sean responsables. Puede que ahora se quejen, pero algún día nos darán las gracias por ello. Me encanta ver a mis hijos crecer y hacerse más independientes. Eso es normal, sano y emocionante. Quiero que crean en sí mismos, disfruto retándolos a hacer más cosas, y me alegro cuando los veo triunfar. Ellos también disfrutan cuando aprenden una habilidad nueva u obtienen una nueva libertad. No les pido más de lo que son capaces de hacer, pero sí podría pedirles más de lo que *creen* que son capaces de hacer o de lo que *quieren* hacer.

En una entrevista con inc.com, la Dra. Stephanie O'Leary, psicóloga clínica y autora del libro *Parenting in the real world: The rules have changed* [La crianza de los hijos en el mundo real: las reglas han cambiado], insistió en que dejar que los niños resuelvan sus propias dificultades, incluso el fracaso, les beneficia mucho más que hacer todo por ellos. Ella afirmaba: "Tu disposición a ver a tus hijos resolver sus propias dificultades les comunica que crees que son capaces de hacerlo y que pueden manejar cualquier resultado, incluso uno negativo".[2]

Nuestros hijos deben saber que son más que capaces de tener éxito por sí mismos. Necesitan padres que les apoyen, sí, pero no necesitan "padres helicóptero" que sobrevuelan sobre sus cabezas asegurándose de que estén siempre felices y perfectos. Puede que en el momento estén frustrados; pero el hecho de que creas en ellos lo suficiente como para dejarles que lo intenten les enseña autoconfianza. Además, al intentarlo y fracasar, y volver a intentarlo, aprenden a resolver problemas, desarrollan perseverancia y también un poco de humildad. Esos son regalos de valor incalculable. Ahora bien, si nosotros como padres nos damos cuenta de eso, ¿no crees que Dios también?

Dios no es un Dios helicóptero. Él siempre está ahí, por supuesto, pero no está ansioso por controlar nuestro progreso, interviniendo para corregir nuestros errores cuando coloreamos por fuera de

2. Christina Desmarais, "Science says the most successful kids have parents who do these 9 things", *Inc.com*, 9 de septiembre de 2017, https://www.inc.com/kimberly-weisul/shearshare-tye-caldwell-studying-relationships-kindergarten-paying-off.html.

las líneas, o gritándonos cuando rompemos un jarrón sin querer. Dios nos anima constantemente a probar cosas nuevas, a fracasar, a aprender, a volver a intentarlo y a crecer. Él está con nosotros y obra a nuestro favor, pero no hace todo por nosotros; en cambio, nos anima a medida que avanzamos en nuestro propósito.

ORACIÓN Y PROPÓSITO

Propósito. Piensa en esa palabra por unos instantes. Implica potencial, un llamado, una meta. Significa participar de la vida, no simplemente dejar que la vida ocurra.

Los buenos padres no solo protegen y proveen para sus hijos; también les ayudan a encontrar y cumplir un propósito. Eso incluye el propósito general de llegar a ser un humano responsable, pero también propósito en un sentido más específico, al inspirarlos a soñar en grande y animarlos a perseguir sus sueños. Cuando se trata de la oración, ¿acaso no es lógico pensar que nuestro Padre celestial también nos devolvería muchas de nuestras peticiones; que miraría más allá de nuestra comodidad inmediata para apuntarnos hacia nuestro propósito; que ignoraría la queja amablemente y nos recordaría que somos personas capaces, creativas, llenas de recursos y creadas a su imagen?

Dios no hace todo por nosotros, pero trabaja con nosotros para hacer todo lo que tiene que hacerse; es una colaboración. Cuando oramos por lo que nos preocupa, Dios a menudo nos involucra en la solución de aquello por lo que estamos orando, así que no te sorprendas si tus tiempos de oración se transforman en lluvias de ideas. Puede que esa sea la forma en que Dios te empuje a la acción. Si la oración en raras ocasiones te lleva a la acción, hay algo que estás haciendo mal.

Algunos de mis momentos más creativos han surgido de la oración. No comenzaron con la creatividad, por supuesto, sino con la queja, cuando le decía a Dios cuánto odiaba determinada situación y la necesidad que había de que Él interviniera. Sin embargo, terminaron conmigo paseándome por la habitación, soñando con emoción acerca de cómo podíamos resolver un problema que quince minutos antes parecía abrumador.

Si la paz es el primer beneficio que obtenemos de la oración, el propósito es el segundo con poca diferencia, porque los dos van de la mano. La *paz* implica confianza en que Dios tiene un plan, y el *propósito* engloba el papel que tú y yo jugamos en ese plan. Ambas cosas son preciosas.

Dios está decidido a despertar nuestro propósito y empujarnos hacia él. Sabe lo que podemos hacer incluso cuando pensamos que no podemos hacerlo, y le importa nuestro presente y también nuestro futuro. Él ve el propósito, los planes y el potencial que hay sobre nuestras vidas porque, al fin y al cabo, Él puso todo eso en nosotros y lo renueva cada día. Cuando te acercas a Dios en oración, recibes propósito. Él te guía, te dirige, te da instrucciones y retos, te muestra sueños por perseguir y gigantes por conquistar. No le pidas a Dios que guíe tus pasos si no estás listo para levantarte del sillón.

HAGÁMOSLO JUNTOS

Este principio de que Dios nos involucra en las respuestas a nuestras propias oraciones ayuda a aclarar una idea equivocada acerca de la oración: que le pedimos a Dios que haga algo o lo hacemos nosotros mismos, pero no las dos cosas. Por lo general, cuando enfrentamos un problema intentamos resolverlo por nosotros mismos; y, cuando eso no funciona, clamamos a Dios en oración para que nos ayude. Pero si Él no responde inmediatamente, nos frustramos y decidimos que lo resolveremos por nuestra cuenta. Este círculo se repite como un péndulo que oscila entre dos extremos: "Dios lo hará" y "yo lo haré".

Pero estas dos opciones (o lo hace Dios o lo hago yo) son una falsa dicotomía. Eso significa que no son las únicas dos opciones, y que tampoco son mutuamente excluyentes. Cuando se trata de solucionar problemas, ¿lo hace Dios o lo hago yo? Sí. Casi siempre son ambas o "y". Trabajamos y oramos, oramos y trabajamos, y trabajamos y oramos porque *la vida es una colaboración con Dios*. La belleza y el misterio de la oración se encuentran en esa colaboración que da propósito. No podemos separar el trabajo de Dios del nuestro, por lo que tampoco podemos separar la oración de la acción.

Nosotros pedimos conforme a *su* voluntad (1 Juan 5:14).

Nosotros pedimos que se cumplan *sus* propósitos celestiales en la tierra (Lucas 11:2).

Nosotros conocemos y seguimos *su* voz (Juan 10:27).

Él dispuso de antemano buenas obras para que *nosotros* caminemos en ellas (Efesios 2:10).

Él nos ha llamado conforme a *su* propósito (Romanos 8:28). (énfasis añadido)

¿Puedes ver la conexión de todo esto? Lo que *nosotros* hacemos y lo que *Dios* hace es literalmente inseparable. Dios no compartimenta las responsabilidades como hacemos nosotros. A nosotros nos gusta dividir la lista de quehaceres: "Está bien, Dios, tú vas a encargarte de esto, y yo me encargaré de esto otro".

Dios nos interrumpe con una carcajada. "No, hagamos todo eso juntos, que así es más divertido".

> **No podemos separar el trabajo de Dios del nuestro, por lo que tampoco podemos separar la oración de la acción.**

Alguna vez te has preguntado: *¿Por qué debería orar si Dios ya lo sabe todo? De todos modos, Él ya tiene el plan perfecto. Si pido algo fuera de ese plan, ¿acaso no lo arruinaré todo?* La respuesta se encuentra en este concepto de propósito y colaboración con Dios. Oramos porque ese punto de conexión nos involucra en el propósito que Dios tiene para nosotros. La oración nos acerca al lugar de la acción incluso antes de que haya ocurrido algo, y nos ayuda a entender su voluntad, a creer en ella, y a ser empoderados para llevarla a cabo. Entonces damos el paso y realmente hacemos su voluntad. Como dije antes, el papel de Dios y el nuestro son inseparables.

Nuestras oraciones, igual que nuestras acciones, deberían estar en consonancia con su voluntad, porque son cosas que hacemos juntos. Ni nuestras oraciones ni nuestras acciones deberían estar desconectadas de Dios; más bien, desde el momento en que oramos hasta el momento en que actuamos, estamos trabajando juntamente con Dios.

LO SABRÁS

El propósito que nos da la oración normalmente encaja en una de dos categorías amplias: dirección a largo plazo o instrucciones a corto plazo.

La dirección a largo plazo tiene que ver con visión y llamado. A veces, Dios depositará en tu corazón una sensación de cuál es su propósito para esta temporada o una temporada futura de la vida. No puedo decirte realmente cómo es eso, porque cada vez es diferente y varía según cada persona; solo puedo decirte que simplemente lo sabrás. ¿Cuáles son las áreas a largo plazo para las cuales Dios podría revelar su propósito? Normalmente, son áreas que tienen un impacto significativo en tu vida o en las vidas de quienes te rodean, lo que significa que más te vale no equivocarte. Eso implica orar por ese propósito *y también* obtener confirmación de otras fuentes. Algunas de las áreas en las que tal vez deberías buscar dirección a largo plazo incluyen:

Él te dará propósito, y después colaborará contigo para cumplir ese propósito.

1. Educación y profesión - Esto incluye tanto dirección inicial para tu ocupación, como cualquier cambio significativo en tu profesión más adelante. A Dios le importa tu trabajo, y Él no divide las cosas en secular y sagrado como nosotros tendemos a hacer. Toma tiempo para orar por tu empleo o negocio, y escucha la voz de Dios porque Él quiere guiarte.

2. Llamado y ministerio -Dios da a cada uno ciertos dones espirituales que deben ser usados para beneficio de otros (ver 1 Corintios 12 y Romanos 12:3-8). La oración es una de las formas más importantes de descubrir esos dones.

3. Matrimonio y familia- Tener cónyuge o hijos no cambia tu valor delante de Dios, por supuesto, pero es obvio que cuenta como decisión importante. Si quieres casarte o ya estás casado, ora por tu cónyuge. Si quieres tener hijos o ya los tienes, ora por ellos constantemente también.

La dirección a largo plazo tiende a ser general. Es más como una idea general de hacia dónde Dios te llevará en el futuro. *Las instrucciones a corto plazo*, sin embargo, son pasos inmediatos y específicos que deberías dar en algún área o decisión concreta. Cuando pases tiempo en oración, obtendrás conocimiento acerca de cuál debería ser tu próximo paso. De nuevo, no puedo decirte cómo lo sabrás, porque es algo que aprenderás con el tiempo. La oración abre tu mente y tu corazón a la sabiduría de Dios, y a menudo será un catalizador para decidir dar pasos tangibles y concretos.

Sin embargo, normalmente verás solo el próximo paso o, como mucho, un par de ellos. Dios no pondrá delante de ti todo tu futuro en forma de libro detallado y con ilustraciones. Si lo hiciera, seguramente te reirías en su cara o tirarías la toalla en ese instante. En lugar de eso, Dios te guiará y acompañará a lo largo del camino. El rey David, que tenía mucha experiencia en reconocer y seguir la voz de Dios, escribió estas palabras en Salmos 32:8-9:

> *Yo te instruiré, yo te mostraré el camino que debes seguir; yo te daré consejos y velaré por ti. No seas como el mulo o el caballo, que no tienen discernimiento, y cuyo brío hay que domar con brida y freno, para acercarlos a ti.* (NVI)

En otras palabras, Dios quiere guiarte. Él quiere instruirte, mostrarte el camino y aconsejarte; y lo hace todo desde el amor. Dios te guiará si te tomas el tiempo de escuchar. Él te dará propósito, y después colaborará contigo para cumplir ese propósito. Ora. Trabaja. Repite. Dios y tú, juntos, son imparables.

---------- CUATRO ----------

Dios no es tu dentista

Oración y premisa

Hay ciertas profesiones que agradezco y aborrezco al mismo tiempo, y la primera en la lista es la de dentista.

No es nada divertido, relajante o agradable que alguien te abra la boca a la fuerza para meter dentro objetos metálicos afilados y herramientas eléctricas. Ir al dentista es un sufrimiento desde el momento en el que esa silla de vinilo azul se reclina, hasta el último enjuague. Por si no fuera suficiente, tienes que pagar por eso. Sientes la boca como si estuviera hecha de poliestireno, y a veces ni sientes la lengua, pero aún así tienes que gastar dinero que bien podría pagarles la universidad a tus hijos.

Si eres dentista, esto no es nada personal; de hecho, me alegra que existas. Eres un regalo para la humanidad, así que sigue haciendo tu trabajo de manera excelente. Sin embargo, si nos conocemos y no te sonrío no es tu culpa. Es solo que tu profesión activa en mi cerebro todo ese mecanismo de lucha o huida.

También tengo un miedo subconsciente a que estés juzgando mi higiene dental. La verdad es que una de las principales razones por las que no me gusta ir al dentista (aparte de todos los objetos afilados y taladros que ya hemos mencionado) es la vergüenza que siempre parece acompañar a la experiencia.

Tal vez sea mi imaginación, o mi conciencia que me redarguye por no cepillarme lo suficiente, o que tengo algún trauma de la infancia; no sé. Lo que sé es que nunca he salido de una cita con el dentista sintiendo que estoy haciendo un buen trabajo con el cepillado y el

> **Nuestro modo de ver a Dios determina cómo nos acercamos a Él.**

hilo dental. De hecho, es todo lo contrario. Me siento como un fracasado que nunca alcanzará los estándares sublimes de la Asociación Dental Americana. Por lo tanto, evito ir al dentista. ¿Por qué querría ir a un lugar que me hace sentir mal conmigo mismo?

Muchas personas tratan a Dios de esa misma manera. Sienten vergüenza cuando piensan en Él, así que lo evitan. Piensan que Él siempre está juzgando la higiene de su alma. Eso no es muy saludable para su vida de oración, por supuesto.

DESDE Y POR

Nuestras creencias acerca de Dios, como su carácter, su actitud hacia nosotros, su sistema de valores, o sus deseos, dan forma a las premisas de nuestras oraciones. En otras palabras, nuestro modo de ver a Dios determina cómo nos acercamos a Él. De modo similar, nuestras creencias acerca de nosotros mismos también dan forma a las premisas de nuestra oración. La manera en que nos vemos a nosotros mismos influye en lo que pedimos y cómo lo pedimos.

Estas dos cosas (nuestra imagen de Dios y nuestra imagen de nosotros mismos) son prácticamente inseparables. En raras ocasiones les ponemos palabras, pero están en la base de cómo oramos, lo que pedimos, la cantidad de fe que tenemos en que Dios nos escucha, y si obedecemos o no a Dios cuando Él habla. Si pensamos que somos un fracaso, y creemos que Dios odia el fracaso, evitaremos acercarnos a Él y no hablaremos con Él. ¿Por qué íbamos a hacerlo? Incluso si oramos, seguramente emplearemos gran parte de nuestro tiempo y energía intentando convencer a Dios para que nos perdone, nos ame, y nos bendiga.

No es así como Jesús oró, y tampoco es como oraban Pablo u otros personajes bíblicos. Por ejemplo, leamos esta oración de Pablo por los creyentes efesios:

> *Y pido que, arraigados y cimentados en amor, puedan comprender, junto con todos los santos, cuán ancho y largo, alto y profundo es el amor de Cristo; en fin, que conozcan ese amor que sobrepasa nuestro conocimiento, para que sean llenos de la plenitud de Dios.* (Efesios 3:17-19)

¿Puedes percibir el atrevimiento, la confianza y el gozo en su tono? No estaba siendo apologético ni se estaba rebajando. Estaba convencido del amor de Dios y su poder para con su pueblo, y estaba apasionado por convencer de eso a otros también. Me he dado cuenta de una cosa, y es que Pablo, Jesús, y muchos otros héroes de la fe oraban *desde* y no *por*.

Desde el perdón de Dios, no *por* su perdón.

Desde la aceptación de Dios, no *por* su aceptación.

Desde la aprobación de Dios, no *por* su aprobación.

Desde la bendición de Dios, no *por* su bendición.

Desde el amor de Dios, no *por* su amor.

Tu maestra de primaria tenía razón: las preposiciones importan. Cuando se trata de la oración, *desde* y *por* son radicalmente diferentes. La premisa de Jesús, de Pablo, y de muchos otros era que Dios estaba de su lado. Ellos creían que Dios los aceptaba, los amaba y eran valiosos para Él, y esas creencias empapaban de confianza divina sus oraciones, sus palabras y sus acciones.

La oración ayuda a establecer y fortalecer esas mismas premisas en nosotros. Cuando oramos, declaramos quiénes somos en Cristo y lo mucho que le importamos a Dios. Además, vemos el amor de Dios de manera más profunda. Descubrimos sus propósitos para nosotros, y nuestra fe en que su poder obrará a través de nosotros aumenta. La oración, bien usada, mantendrá nuestra autoestima en un nivel saludable y nos dará una seguridad en nosotros mismos consagrada.

Una autoimagen positiva es vital. El Dr. Albert Bandura, psicólogo muy reconocido por su trabajo sobre la autoconfianza, acuñó el término "autoeficacia" para describir nuestra creencia de que podemos (o no podemos) hacer algo. Escribí acerca de su teoría con más detalle en mi libro ¡Ayuda! *Trabajo con personas.*

Basándose en su extensa investigación, Bandura dijo: "Cuando enfrentan dificultades, las personas que tienen serias dudas acerca de sus capacidades reducen sus esfuerzos o se rinden por completo, mientras que aquellas que tiene una fuerte sensación de autoeficacia llevan a cabo un esfuerzo mayor para dominar los retos".[3] Lo que creemos que somos capaces de hacer determinará cuánto nos esforzaremos, o cuán rápidamente nos daremos por vencidos cuando enfrentemos obstáculos. Nuestro cerebro tiene una capacidad increíble para motivarnos o desmoralizarnos en función de cómo nos vemos a nosotros mismos.

Sin embargo, esto es lo que tienes que recordar: tu opinión de quién eres o de lo que puedes lograr no puede basarse únicamente

3. Albert Bandura, "Self-Efficacy mechanism in human agency", *American Psychologist* 37, no. 2 (febrero 1982): 123, https://pdfs.semanticscholar.org/8bee/ 556fc7a650120544a99e9e063e-b8fcd987b.pdf.

en lo que *tú* ves y sientes acerca de ti mismo; e, indudablemente, no puede surgir solo de lo que *otros* dicen de ti. Tu autoimagen debe estar fundamentada en lo que *Dios* dice de ti. Sí, Dios conoce todas nuestras imperfecciones y errores, pero Él no está obsesionado con ellos y no nos humilla a causa de ellos. Él no está arriba en el cielo riéndose con los ángeles de nuestros fracasos, ni se sienta alrededor de una gran mesa redonda para planificar nuestro juicio inminente. De hecho, su actitud es la contraria. Él está ahí para ayudar, para servir y para compensar nuestras debilidades, porque éstas dan lugar a su fuerza (ver 2 Corintios 12:9-10).

Jesús es la prueba de que la actitud de Dios hacia nosotros es de amor y no de juicio, y de que Él nos recibe con aceptación y no con humillación. Jesús describió su misión de esta manera: *Dios no envió a su Hijo al mundo para condenar al mundo, sino para salvarlo por medio de él* (Juan 3:17). Él pasó tres años y medio amando y sirviendo a todos los que se cruzaron en su camino. No condenó a las personas por sus errores, sino que les ofreció gracia y perdón. Por lo tanto, si estás evitando la oración o si pasas la mayor parte de tu tiempo de oración pidiendo disculpas, tal vez necesitas reevaluar tus premisas y perspectivas acerca de Dios. Él no es tu dentista, ni el director de la escuela, ni un policía cósmico.

Él es tu padre. Él es tu amigo. Él es tu salvador. Él es tu protector. Él es tu sanador. Él es tu confidente. Ora y vive con base en esa realidad.

ORACIONES Y PREMISAS

La vida nos recuerda nuestras insuficiencias demasiado a menudo: lo que no somos, lo que nos falta, y lo mucho que todavía nos queda por recorrer. La oración, por el contrario, nos recuerda que Cristo es suficiente, y nos ayuda a entender quiénes somos en Él. Nos asegura que las bendiciones del cielo son nuestras, y nos reafirma en que Dios nos ha traído hasta aquí y no va a darse por vencido ahora.

Tu autoimagen debe estar fundamentada en lo que Dios dice de ti.

La Biblia tiene mucho que decir acerca de las premisas que respaldan nuestra relación con Dios. Empecé a enumerar algunas de ellas y me dejé llevar, pero finalmente reduje la lista a veinticinco.

1. Estoy seguro.

> *El que habita al abrigo del Altísimo se acoge a la sombra del Todopoderoso. Yo le digo al Señor: «Tú eres mi refugio,mi fortaleza, el Dios en quien confío».* (Salmos 91:1-2)

2. Dios siempre está pensando en mí.

> *¡Cuán preciosos, oh Dios, me son tus pensamientos!¡Cuán inmensa es la suma de ellos! Si me propusiera contarlos, sumarían más que los granos de arena. Y, si terminara de hacerlo, aún estaría a tu lado.* (Salmos 139:17-18)

3. Dios me guía.

> *Confía en el Señor de todo corazón, y no en tu propia inteligencia.Reconócelo en todos tus caminos, y él allanará tus sendas.* (Proverbios 3:5-6)

4. Tengo paz.

> *¡Tú guardarás en perfecta paz a todos los que confían en ti, a todos los que concentran en ti sus pensamientos!* (Isaías 26:3, NTV)

5. La verdad me hace libre.

Jesús se dirigió entonces a los judíos que habían creído en él, y les dijo: —Si se mantienen fieles a mis enseñanzas, serán realmente mis discípulos; y conocerán la verdad, y la verdad los hará libres... Así que, si el Hijo los libera, serán ustedes verdaderamente libres. (Juan 8:31-32, 36)

6. Puedo escuchar la voz de Dios.

Mis ovejas oyen mi voz; yo las conozco y ellas me siguen.
(Juan 10:27)

7. Soy amigo de Dios.

Ya no los llamo siervos, porque el siervo no está al tanto de lo que hace su amo; los he llamado amigos, porque todo lo que a mi Padre le oí decir se lo he dado a conocer a ustedes.
(Juan 15:15)

8. Fui escogido por Dios para dar fruto.

No me escogieron ustedes a mí, sino que yo los escogí a ustedes y los comisioné para que vayan y den fruto, un fruto que perdure. Así el Padre les dará todo lo que le pidan en mi nombre. (Juan 15:16)

9. Soy justo.

En consecuencia, ya que hemos sido justificados mediante la fe, tenemos paz con Dios por medio de nuestro Señor Jesucristo.
(Romanos 5:1)

10. Soy libre de condenación.

*Por lo tanto, ya no hay ninguna condenación para los que
están unidos a Cristo Jesús.* (Romanos 8:1)

11. Sé que todo obra para mi bien.

*Ahora bien, sabemos que Dios dispone todas las cosas para el
bien de quienes lo aman, los que han sido llamados de acuerdo
con su propósito.* (Romanos 8:28)

12. Soy más que vencedor por medio del amor de Dios.

*Sin embargo, en todo esto somos más que vencedores por
medio de aquel que nos amó. Pues estoy convencido de que ni
la muerte ni la vida, ni los ángeles ni los demonios, ni lo presente ni lo por venir, ni los poderes, ni lo alto ni lo profundo,
ni cosa alguna en toda la creación podrá apartarnos del amor
que Dios nos ha manifestado en Cristo Jesús nuestro Señor.*
(Romanos 8:37-39)

13. Soy aceptado.

*Por tanto, acéptense mutuamente, así como Cristo los aceptó
a ustedes para gloria de Dios.* (Romanos 15:7)

14. Soy más fuerte que el pecado o la tentación.

*Ustedes no han sufrido ninguna tentación que no sea común
al género humano. Pero Dios es fiel, y no permitirá que ustedes
sean tentados más allá de lo que puedan aguantar. Más bien,
cuando llegue la tentación, él les dará también una salida a fin
de que puedan resistir.* (1 Corintios 10:13)

15. Soy parte del cuerpo de Cristo.

Ahora bien, ustedes son el cuerpo de Cristo, y cada uno es miembro de ese cuerpo. (1 Corintios 12:27)

16. Vivo por la fe y Jesús vive en mí.

He sido crucificado con Cristo, y ya no vivo yo, sino que Cristo vive en mí. Lo que ahora vivo en el cuerpo, lo vivo por la fe en el Hijo de Dios, quien me amó y dio su vida por mí.
(Gálatas 2:20)

17. Soy bendecido.

Alabado sea Dios, Padre de nuestro Señor Jesucristo, que nos ha bendecido en las regiones celestiales con toda bendición espiritual en Cristo. (Efesios 1:3)

18. Soy redimido y perdonado.

En él tenemos la redención mediante su sangre, el perdón de nuestros pecados, conforme a las riquezas de la gracia.
(Efesios 1:7)

19. Soy la obra maestra de Dios, creado para hacer el bien.

Porque somos hechura de Dios, creados en Cristo Jesús para buenas obras, las cuales Dios dispuso de antemano a fin de que las pongamos en práctica. (Efesios 2:10)

20. Sé que Dios terminará la obra que comenzó en mí.

Estoy convencido de esto: el que comenzó tan buena obra en ustedes la irá perfeccionando hasta el día de Cristo Jesús.
(Filipenses 1:6)

21. Dios es mi proveedor.

Así que mi Dios les proveerá de todo lo que necesiten, conforme a las gloriosas riquezas que tiene en Cristo Jesús.

(Filipenses 4:19)

22. Tengo poder, amor y dominio propio.

Pues Dios no nos ha dado un espíritu de timidez, sino de poder, de amor y de dominio propio. (2 Timoteo 1:7)

23. Tengo acceso completo al trono de la gracia.

Así que acerquémonos confiadamente al trono de la gracia para recibir misericordia y hallar la gracia que nos ayude en el momento que más la necesitemos. (Hebreos 4:16)

24. Soy hijo de Dios.

¡Fíjense qué gran amor nos ha dado el Padre, que se nos llame hijos de Dios! ¡Y lo somos! El mundo no nos conoce, precisamente porque no lo conoció a él. (1 Juan 3:1)

25. Soy amado.

Así manifestó Dios su amor entre nosotros: en que envió a su Hijo unigénito al mundo para que vivamos por medio de él. En esto consiste el amor: no en que nosotros hayamos amado a Dios, sino en que él nos amó y envió a su Hijo para que fuera ofrecido como sacrificio por el perdón de nuestros pecados.

(1 Juan 4:9-10)

Si esa lista no te inspira a orar con más confianza, ¡no sé qué lo hará! Podría haber hecho fácilmente otras veinticinco afirmaciones acerca de quiénes somos en Cristo y cómo nos ve Dios. La

Biblia tiene mucho que decir acerca de las premisas para nuestras oraciones. La próxima vez que ores, tómate un par de minutos para repasar esta lista. Deshazte de la mentalidad de que Dios es tu dentista, reemplazándola por la seguridad de que Él es tu amigo, tu Padre, y tu Salvador. Ora con una sonrisa en tu rostro porque, cuando Dios escucha tu voz, Él también sonríe.

Si oras de acuerdo a la Biblia, orarás *desde* las premisas inconmovibles del amor, la gracia, y el llamado de Dios, no *por* ellas. Serás valiente, tendrás confianza, y estarás lleno de fe. Pedirás cualquier cosa y orarás por todo.

CINCO

Prefiero estar en la playa

Oración y perspectiva

Vivo en la ciudad Los Ángeles, famosa por sus playas y su tráfico, aunque también es conocida por muchas otras cosas: los tacos callejeros, las palmeras, las estrellas de cine... Pero las playas y el tráfico siempre están en lo más alto de la lista. ¿Puedes imaginar dos experiencias más opuestas que reclinarse debajo de una sombrilla mientras tomas una bebida (la que más te guste) en la playa de Malibú, contrariamente al estrés del tráfico en hora pico circulando por una autopista de doce carriles en Los Ángeles? Una inspira relajación, gratitud y paz; la otra te hace dudar de tu cordura.

El mar tiene algo que sana mi alma. No me refiero necesariamente a *entrar* al mar, porque ahí adentro hay criaturas aterradoras a las que prefiero no molestar. Además, la arena es... arenosa. Pero ¿observar y escuchar el mar? Eso me encanta. El poeta estadounidense E.E. Cummings escribió: "En el mar nos encontramos siempre a nosotros mismos".[4]   Las olas nunca se detienen. Rompen y llegan a la orilla, una tras otra, día tras día y noche tras noche, sin importarles el estrés y el caos de los humanos en la tierra. Su ritmo es relajante. Reconfortante. Nos estabiliza.

---

4. e.e. Cummings, *Complete poems: 1904–1962*, ed. George J. Firmage (United Kingdom: Liveright Publishing Corporation, 2016), n.p.

Cuando miras a lo lejos al mar, la sensación de proporción es asombrosa. El agua color azul y verde acapara el paisaje hasta más allá de donde tus ojos pueden ver, y la amplitud que ves es solo un pequeño rincón de una masa de agua que se extiende por todo el planeta, tocando islas y continentes que tú nunca pisarás. En la distancia, donde el cielo se encuentra con el agua, verás el horizonte. Es una línea estable, que no cambia y que está ahí siempre, incluso cuando las tormentas pasajeras lo oscurecen.

En ocasiones, cuando me siento estresado o que algo me sobrepasa, me siento a la orilla del mar solo para resetear mi perspectiva. Julia y yo tenemos nuestros lugares favoritos. Sabemos dónde podemos ir para evitar las multitudes de gente, comer buen sushi y dejar que nuestros hijos jueguen. Es glorioso; la verdad es que desearía estar ahí en este momento. Me encanta esta cita que se le atribuye al ecologista sueco Rolf Edberg: "Cuando estamos quietos delante del mar, la vida parece grande; abierta y sencilla. Es ahí donde podemos mirar a nuestro interior".[5] Creo que está hablando de perspectiva. La vida es grande, y nosotros somos pequeños. No todo importa tanto como creemos; y saber quiénes somos nos producirá descanso.

En muchos sentidos, la oración es como el mar. Nos da perspectiva. Nos ayuda a posicionarnos y estabilizarnos en el diseño general de la vida. No puedes ir a la playa o escuchar el ritmo de las olas sin darte cuenta de cuán grande es el mundo. De la misma manera, no puedes orar a un Dios infinito sin encontrar consuelo y a la vez asombro por su grandeza.

En el último capítulo hablamos de las *premisas* que fundamentan nuestras oraciones: cómo vemos a Dios y cómo nos vemos

---

5. Atribuido. Rolf Edberg. www.goodreads.com/quotes/264872-in-still-moments-by-the-sea-life-seems-large-drawn-and

a nosotros mismos. Ahora me gustaría echar un vistazo a cómo vemos nuestras circunstancias. Eso se llama *perspectiva*.

PALABRAS SIN CONOCIMIENTO

En medio del caos y las contradicciones de la vida, la oración nos da una perspectiva más grande que la nuestra.

Hay un libro antiguo de poesía en la Biblia que se llama Job, en honor a su protagonista. Hoy en día, la historia de Job se asocia con sufrimiento y paciencia, pero en realidad, la historia de Job trata más sobre perspectiva que paciencia. En los capítulos 1 y 2 leemos acerca de cómo Job lo perdió todo de la noche a la mañana. El texto muestra claramente que él no tuvo la culpa, ya que cosas que no podía controlar conspiraron para arrebatarle todo lo que valoraba y que había conseguido con su trabajo.

El grueso del libro, los capítulos del 3 al 37, son una serie de discursos o debates poéticos entre Job y algunos que intentaron "consolarlo". Estos amigos supuestamente querían hacer sentir mejor a Job, pero como suele ser el caso cuando intentamos ayudar a alguien que está atravesando dolor, deberían haber mantenido la boca cerrada y haberse sentado con él para acompañarlo en su dolor, porque lo que dijeron solo empeoró las cosas.

Cuando terminaron de dar sus "consejos", no sabemos si Job había sufrido días, semanas o incluso meses. Sus amigos se agotaron intentando explicarle que todo era culpa de Job; decían que seguramente había pecado, porque de acuerdo a su teología y cosmología, las cosas malas siempre eran consecuencia de malas acciones. Defendieron a Dios a expensas de Job y, en el proceso, lo que realmente hicieron fue desestimar la soberanía de Dios y echarle la culpa a Job de cosas que él nunca hizo.

Tenían una perspectiva equivocada: de Job, del sufrimiento, de Dios, del pecado, de la riqueza, y de prácticamente todas las cosas que mencionaron pomposamente. Su razonamiento tenía sentido para ellos porque miraban las cosas desde su punto de vista limitado y finito, pero a Dios no le impresionó su teología o cosmología; a Él no suelen gustarle las explicaciones humanas.

Finalmente, en los capítulos del 38 al 41, Dios habla. Estos capítulos son uno de los ejemplos más exquisitos de poesía antigua no solo en la Biblia, sino también en la literatura mundial. Durante cuatro capítulos enteros, Dios arremete contra los amigos de Job por hablar "palabras sin conocimiento" (38:2, LBLA). Y no se refería a Twitter.

Dios les da un ejemplo tras otro de la naturaleza que ilustra la pequeñez de sus perspectivas, y cuán limitados son su conocimiento y su poder. Y, hablando del mar, Dios dice lo siguiente:

> *¿Quién encerró el mar tras sus compuertas cuando este brotó del vientre de la tierra? ¿O cuando lo arropé con las nubes y lo envolví en densas tinieblas?¿O cuando establecí sus límites y en sus compuertas coloqué cerrojos?¿O cuando le dije: "Solo hasta aquí puedes llegar; de aquí no pasarán tus orgullosas olas"?* (Job 38:8-11)

O sea, si crees que el mar es impresionante, ¡imagina el poder de Aquel que lo creó! ¡Eso sí que es perspectiva! Cuando nos acercamos a Dios en oración, Él no suele arremeter contra nosotros con la intensidad que lo hizo con los amigos de Job. Para empezar, nosotros no pasamos tanto tiempo hablando sobre cosas que realmente no entendemos. Lo que Dios hace por nosotros, y lo que la oración hace, es darnos perspectiva.

En aquellas reuniones de oración en mi escuela secundaria, recuerdo ver a jóvenes que salían de la habitación con una postura completamente diferente a la que tenían cuando entraron. Más tarde nos contaban cómo esos quince minutos habían cambiado su visión acerca de algo que estaban atravesando porque pudieron verlo desde otra perspectiva. Recuerdo deambular por las colinas de San Gabriel en Los Ángeles sintiéndome pequeño y amado al mismo tiempo. Eso es una perspectiva correcta.

DE DESESPERACIÓN A DESTINO

La vida, y el tráfico, tienen su modo de sesgar nuestra perspectiva. Las circunstancias difíciles y abrumadoras pueden hacer que nuestras emociones y pensamientos se descontrolen. No estoy diciendo que esos sentimientos y pensamientos no sean reales, por supuesto que lo son, pero no son el cuadro completo y tampoco están diseñados para tomar las decisiones por nosotros.

¿Cuál de estos sentimientos has tenido últimamente, o incluso tienes ahora mismo?

Soledad – Traición- Agobio- Inutilidad – Dolor- Estar perdido- Frustración- Desánimo

Confusión- Rechazo – Abandono- Desesperanza- Amargura- Ansiedad- Culpabilidad

Ser ignorado - Ser usado-Indefensión

Si no abordas esos sentimientos, acabarán afectando tus acciones y tus decisiones. Podrías encontrarte diciendo y haciendo cosas de las que luego podrías arrepentirte; cosas que no están en consonancia con quién eres, lo que vales, lo que crees, o cómo quieres vivir. De nuevo te digo que esos sentimientos son válidos. No los ignores, pero tampoco te dejes definir por ellos; no permitas que te digan quién eres. Son sentimientos, y los sentimientos nunca te dan el cuadro completo. Vienen y van, suben y bajan, hacen mucho ruido y después se disipan en un segundo plano.

El libro de los Salmos es un registro antiguo de los clamores sinceros de personas como nosotros que transformaron su dolor y ansiedad en oraciones, poesía y canciones; por eso está tan cargado emocionalmente. Sus palabras resuenan aún hoy, y podemos identificarnos con ellas a pesar de las barreras del idioma, la cultura y el tiempo, porque sus experiencias son intensamente *humanas*. Y son nuestras experiencias también.

Muchos de los salmos los escribió David, que era un famoso guerrero, rey y músico en la Biblia. En una ocasión, antes de ser rey, David vivía con un grupo de varios cientos de seguidores en el desierto. Mientras él y sus hombres estaban fuera del campamento, llegó un grupo de saqueadores, secuestraron a sus familias y robaron su ganado y sus posesiones.

Cuando David y sus hombres regresaron y vieron todo aquello, quedaron devastados. La Biblia dice: *David y los que estaban con él se pusieron a llorar y a gritar hasta quedarse sin fuerzas* (1 Samuel 30:4). Y la historia va a peor. Los hombres de David estaban tan desesperados que, en su dolor, se volvieron en contra de David. El versículo 6 dice: *David se alarmó, pues la tropa hablaba de apedrearlo; y es que todos se sentían amargados por la pérdida de sus hijos e hijas.* Pero inmediatamente después leemos esta frase tan extraordinaria: *Pero cobró ánimo y puso su confianza en el Señor su Dios.*

David recurrió a la oración. Junto con un sacerdote llamado Abiatar, le preguntó a Dios si debía ir tras el ejército enemigo. Dios respondió: *"Persíguelos ... vas a alcanzarlos, y rescatarás a los cautivos"* (v. 8).

Eso era lo único que David necesitaba. Regresó a la multitud de hombres devastados y enojados, y les dijo cuál era el plan: iban a recuperar a sus familias. Y lo hicieron, hasta el último miembro, y también todo el ganado y todas las posesiones que les habían robado.

¿Cómo pasó David de estar "alarmado" a dirigir una delicada operación de rescate? La oración. Más específicamente, una oración que cambió su perspectiva. David conectó con Dios, y Dios le recordó que no estaba solo. Dios le dio instrucciones acerca de cómo actuar e infundió valentía y fe en su corazón. Eso fue lo que marcó la diferencia.

Jesús hizo algo similar en el huerto de Getsemaní cuando faltaban pocas horas para que fuera torturado y asesinado. Él sabía lo que iba a llegar, y estaba sufriendo emocional, mental y espiritualmente. Lucas escribió: *Pero, como estaba angustiado, se puso a orar con más fervor, y su sudor era como gotas de sangre que caían a tierra* (22:44). Observemos la conexión directa entre su sufrimiento y su oración: *Como estaba angustiado, se puso a orar con más fervor.* En otras palabras, cuanto mayor era el dolor, más oró.

> **Pero primero, Él cambia nuestra perspectiva; y eso lo cambia todo.**

¿Qué pasaría si nosotros hiciéramos eso? ¿Y si un dolor muy grande nos hiciera orar mucho más? ¿Y si la ansiedad nos acercara a Dios? Creo que a menudo lo hace, de hecho. Cuando se nos acaban las opciones, automáticamente recurrimos a la oración. Por eso David dijo: *Desde los confines de la tierra te invoco, pues mi corazón desfallece; llévame a una roca donde esté yo a salvo* (Salmos 61:2). Él sabía que necesitaba un Dios que fuera más grande y más fuerte que él; y, una vez que estuvo firme sobre esa roca, su perspectiva cambió. Dios a menudo nos devuelve nuestras oraciones. Nos dice, como a David cuando había perdido a su familia, que regresemos y peleemos.

Pero primero, Él cambia nuestra perspectiva; y eso lo cambia todo.

A TRAVÉS DE LOS OJOS DE DIOS

Dios tiene derecho a cambiar nuestra perspectiva en cualquier área, pero hay algunas que son especialmente comunes.

1. *El yo-* En el capítulo anterior vimos esto con más detalle. Debes verte como Dios te ve. Punto. Ni más, ni tampoco menos. Ese es el camino hacia la verdadera humildad y hacia una autoestima saludable. Mientras oras, deja que Dios cambie tu modo de pensar sobre ti mismo. Cree sus afirmaciones acerca de quién eres. Después, alinea la forma en que hablas de ti mismo y aduéñate de esa imagen.

2. *El dolor-* Demasiadas veces estamos tan desesperados por arreglar el dolor, que lo reprimimos o le ofrecemos soluciones baratas, como hicieron los amigos de Job. La oración no hace ninguna de esas cosas. La oración no desestima el dolor, sino que lo abraza, lo valida, y se sienta a su lado. Crea un espacio seguro para procesar lo que sentimos, y nos conecta con Aquel que puede marcar una diferencia en nuestras circunstancias. Además, nos da permiso para expresar nuestros sentimientos a la vez que nos reafirma que esto también pasará. Puede que la oración no elimine el dolor, pero nos recuerda que Dios está con nosotros.

Gracias a esa realidad, podemos caminar por el valle de sombra de muerte y no temer al mal (ver Salmos 23).

3. *El pecado-* El pecado es cualquier cosa que contradice la voluntad de Dios y su diseño para nosotros. Tendemos a enfocarnos en él y hacer que el enfoque principal de nuestro caminar cristiano sea escapar de él, o por el contrario, minimizarlo para no tener que abordar algún área de nuestra vida. Los dos extremos son malos, por supuesto. Seguir a Jesús se trata de libertad, vida, gracia y amor, no de "no pecar". No pecar es una consecuencia de seguir a Jesús; no es la meta. Por otro lado, la oración nos mantiene en la sinceridad. Cuando estás en la presencia de Dios, las motivaciones ocultas son reveladas y los rincones oscuros se iluminan. Los demonios internos son sacados a la luz y desahuciados. El resultado es un corazón limpio y un odio santo al pecado.

4. *Los enemigos* -A Dios no le intimida la oposición tanto como a nosotros. De hecho, no le intimida nada. La Biblia está llena de ejemplos de cómo Dios le daba la victoria a su pueblo. Pero Jesús lo lleva un paso más allá, y nos dice que *amemos* a nuestros enemigos. Hablando de perspectivas diferentes...

Ustedes han oído que se dijo: "Ama a tu prójimo y odia a tu enemigo". Pero yo les digo: Amen a sus enemigos y oren por quienes los persiguen, para que sean hijos de su Padre que está en el cielo. Él hace que salga el sol sobre malos y buenos, y que llueva sobre justos e injustos. (Mateo 5:43-45)

Jesús no solo nos dijo que amemos a nuestros enemigos, sino que Él mismo lo hizo. Mientras colgaba de la cruz en la que le estaban crucificando, Él dijo: *Padre [...] perdónalos, porque no saben lo que hacen* (Lucas 23:34).

5. **Los obstáculos-** Una vez, Jesús y sus discípulos estaban cruzando un gran lago que se llamaba el Mar de Galilea, y les sorprendió una tormenta. Varios de los discípulos eran pescadores experimentados, pero esa tormenta era tan severa que tenían miedo porque pensaban que se iban a ahogar. Marcos relata que Jesús estaba dormido en la parte trasera, descansando plácidamente sobre una almohada mientras sus discípulos casi se vuelven locos. Finalmente, lo despertaron. *¡Maestro! [...] ¿no te importa que nos ahoguemos?* (4:38).

Jesús se despertó, bostezó, se estiró, miró a su alrededor, bostezó de nuevo, y después con calma les dijo al viento y a las olas que se detuvieran. Todo se calmó al instante. Los discípulos, escribe Marcos, ahora tenían miedo de *Él*, no de la tormenta (en el buen sentido). *¿Quién es este, que hasta el viento y el mar le obedecen?* (v. 41). Les cambió la perspectiva, y en lugar de asombrarse por el viento y las olas, estaban asombrados por Aquel que las había creado y las controlaba. La oración nos recuerda que todos los obstáculos son pequeños comparados con el Creador omnipotente del universo.

6. *Las cosas materiales-* Nos desgastamos demasiado intentando ganar dinero y acumular fortuna. Pero aquel que muere con más juguetes... también muere. Tal vez hayas escuchado la canción de Biggie Smalls que se llama *Juicy*. Sé que estoy prácticamente revelando mi edad, porque la canción salió en 1994, pero es un clásico y una de las mejores canciones de *hip-hop* de todos los tiempos. Habla

sobre el camino de Biggie de la pobreza a la riqueza, y en su mayor parte es un mensaje provocativo para todos los *haters* que nunca pensaron que él llegaría a ser alguien.

Hay muchas frases buenas en la canción que demuestran cuán lejos había llegado, como: "Ahora bebemos champán cuando tenemos sed".[6] Eso es lo que nos han enseñado a todos, ¿no es cierto? ¿Que el éxito es tener autos caros y beber champán? Sin embargo, con todo el respeto que se merece el ya difunto Christopher Wallace, esa clase de éxito no puede dar satisfacción duradera. Por supuesto que es mejor que ser pobre, pero debemos buscar nuestra perspectiva en el éxito que viene de Dios, no de los artistas de *rap*.

La oración nos da la perspectiva correcta acerca del dinero y el éxito porque utiliza valores celestiales para equilibrar la balanza; nos recuerda que lo que más dura es lo que más vale. Y lo que mas dura es lo eterno. Eso significa, principalmente, *personas*. Las cosas materiales no van al cielo, pero las personas sí. Eso no significa que no debería importarte tu trabajo, tu casa, tu auto o tu máquina de café; solo significa que deberían importarte más las personas.

7. *Las personas-* Las personas son lo más importante, y orar por individuos que forman parte de tu vida siempre cambiará tu perspectiva sobre ellos. Esto podría significar orar por tus enemigos, como vimos arriba, pero más a menudo significa orar por tus amigos y seres queridos. Todas las relaciones en tu vida pueden beneficiarse de la oración. ¿Estás saliendo con alguien? Ora por esa persona especial. ¿Te acabas de casar? Ora por tu cónyuge. ¿Eres padre? Ora

---

6. The Notorious B.I.G. "Juicy (It was all a dream)", *Ready to die* (Bad Boy, Arista, 1994).

por tus hijos. ¿Eres jefe? Ora por tus empleados. ¿Tienes mascota? Está bien, ora por tus mascotas también. ¿Eres un fanático del básquet? A menos que tu equipo sea los Lakers, ni te molestes en orar.

Al orar, comenzarás a ver a los demás como Dios los ve. Las rarezas y pequeñas ofensas importarán menos, porque su valor como hijos de Dios ocupará el lugar central. Comenzarás a ver sus talentos, lo que pueden aportar, y su potencial. A medida que vayas adoptando la perspectiva de Dios hacia las personas, te darás cuenta de que comenzarás a desarrollar empatía. La oración humaniza a las personas, y a este mundo no le vendría nada mal más de eso.

No cambiarás tu mundo hasta que no cambies tu modo de pensar.

Seguramente se te ocurren varias áreas, aparte de esas siete, en las que una perspectiva celestial sería útil: la salud, los estudios, el trabajo, la familia, el sexo, los asuntos internacionales, el racismo, el liderazgo, la iglesia, y un millón de cosas más. Además de estas áreas generales, tal vez hay también situaciones específicas en tu vida en las que podrías pedirle a Dios que te ayude a ver las cosas como Él las ve. Tómate unos segundos para pensar en las cosas que te preocupan, que te drenan la energía o te causan dolor.

Y después ora por ellas. Entrégaselas a Dios y pregúntale qué piensa Él sobre ellas. Permite que tu mente se transforme en la mente de Cristo, y deja que su corazón toque el tuyo. No cambiarás tu mundo hasta que no cambies tu modo de pensar.

SEIS

El problema de los cumpleaños

Oración y presencia

¿Tienes amigos con más dinero que tú? Quiero decir, ¿que tienen mucho más? No es para juzgar, ni a ellos ni a ti. Todos sabemos que el dinero no da la felicidad (aunque no estaría mal comprobarlo de primera mano, ¿no es así?). Algunos de mis amigos son bastante más ricos que yo, y la verdad es que tiemblo cuando llegan sus cumpleaños. Al fin y al cabo, ¿qué le regalas a una persona que tiene dos o tres de cada cosa, y en varios colores?

Todos los años, después de pensar por mucho tiempo, me rindo y opto por enviar un mensaje de texto: "Amigo, ¡feliz cumpleaños! ¡Te quiero! ¡Tenemos que celebrar en cuanto se pueda!". Y después le pido al Dios del cielo que no me compren nada a *mí* por mi cumpleaños. Mis amigos ricos no necesitan mis regalos, ni tampoco quieren que me gaste todo mi presupuesto para intentar impresionarlos. Quieren mi amistad, no regalos. Eso es lo que más les importa a ellos, y también es lo que más me importa a mí.

Y, si es difícil comprar un regalo a los amigos que lo tienen todo, ¿cuánto más lo será darle algo al *Dios* que lo tiene todo? La respuesta, por supuesto, es la misma: le das tu amistad, tu amor, tu lealtad y tu presencia.

Dios no está intentando *sacarte* algo; Él te quiere *a ti*. Tú eres el regalo, la meta, y el objetivo de su amor.

Jesús demostró eso cuando vino a la tierra para caminar entre nosotros, para mostrarnos a Dios en carne y hueso, y acercarnos a Él. No hay nada que agrade más a Dios que estar contigo y conmigo, con nosotros que somos sus hijos; y nosotros, a su vez, tenemos la necesidad innata en nuestra alma de estar con Él. En medio de las preocupaciones y las prisas de la vida, a veces se nos olvida el poder sanador que tiene simplemente estar con Dios. Cuando lo sentimos cerca, todo cambia; nuestros temores se desvanecen, nuestra mente se aclara, y nuestro corazón se calma.

> **Dios no está intentando *sacarte* algo; Él te quiere a *ti*.**

LA PRESENCIA TANGIBLE DE DIOS

El concepto de la presencia de Dios se encuentra a lo largo de toda la Biblia. Dios siempre está presente. Él es omnipresente, lo cual significa que está en todas partes al mismo tiempo. Cuando Pablo escribió acerca de Jesús, dijo: *Él es anterior a todas las cosas, que por medio de él forman un todo coherente* (Colosenses 1:17). Dios es la fuerza vital que mantiene vivo el universo.

En un nivel más personal, el autor de Hebreos, hablando en nombre de Dios, dice: *Nunca te dejaré; jamás te abandonaré* (13:5). Dios no solo sostiene la creación sino que nos sostiene también a nosotros en sus brazos. Él permanece con nosotros pase lo que pase. La presencia de Dios en el universo y en nuestras vidas nunca cambia, pero hay otra faceta de su presencia que encontramos en la Biblia y en nuestro caminar con Él: su "presencia tangible", a falta de una palabra mejor. Es un sentimiento repentino, inexplicable y emocionante de saber que Él está, literalmente, en ese lugar.

No se puede explicar. Puede incluir emoción, pero es más profundo que cualquier sentimiento humano.

Puede hacer que se te pongan los pelos de punta, que llores o que rías, pero va más allá de las reacciones superficiales. Podrían ser palabras o pensamientos específicos que caen en tu corazón, pero va mucho más allá de la imaginación. Simplemente sabes que Dios intervino, y su presencia lo cambia todo.

La oración facilita esta presencia tangible de Dios, pues abre nuestra mente y nuestro espíritu para recibir lo que Dios tiene. No estoy diciendo que tendrás una experiencia dramática cada vez que ores, pero a menudo sentirás algo. Deberías esperarlo, buscarlo y darle la bienvenida, pero no hagas de la experiencia la meta de la oración ni tampoco reduzcas la oración a un ejercicio mental.

La oración es un acto de fe y también una experiencia. Es palabras y es emociones. Es hablar y es escuchar.

Es un conjunto de mente, espíritu, voluntad y cuerpo juntos experimentando a Dios de modo tangible.

Dios puede intervenir cuando quiera y como quiera. Él le encanta interactuar con nosotros. Quiere que lo encontremos, como le dijo a Israel: *Me buscarán y me encontrarán cuando me busquen de todo corazón* (Jeremías 29:13). Él está aquí con nosotros siempre y nos ama profundamente; por lo tanto, ¿acaso no es lógico que quiera revelarse a nosotros, hablarnos, consolarnos y guiarnos?

Moisés conversó con Dios frente a una zarza ardiente y de nuevo en la cumbre de un monte (ver Éxodo 3-4; 33). Israel experimentó la presencia de Dios en una columna de fuego y nube (ver Éxodo 13:21-22). Débora recibió de parte de Dios orden de marchar y liberó a Israel (ver Jueces 4-5). Salomón consagró el templo y la gloria de Dios lo llenó (ver 2 Crónicas 5-7). Elías escuchó la voz de Dios como un susurro mientras se escondía en una cueva (ver 1 Reyes 19:12-13). Daniel estuvo acompañado por un ángel que cerró la boca de los leones (ver Daniel 6:22). Dios acompañó a Sadrac, Mesac y Abednego en el horno de fuego (ver Daniel 3).

Un ángel visitó a María para anunciar el nacimiento de Jesús (ver Lucas 1:26-28). Pedro, Jacobo y Juan vieron a un Jesús transfigurado y glorioso sobre un monte (ver Mateo 17:1-2). María Magdalena se encontró con Jesús en un jardín la mañana de la resurrección (ver Juan 20). Pablo cayó al suelo y su vida cambió en el camino a Jerusalén (ver Hechos 9). Juan tuvo una serie de sueños apocalípticos que revelan la victoria final de Dios (en Apocalipsis). Podría seguir, pero creo que te haces ya un poco a la idea. Dios tiene un largo historial de visitar a la humanidad de maneras muy creativas, y no ha dejado de hacerlo. Por lo visto, le gusta estar con nosotros.

ESCOGER LO MEJOR

En medio del caos, la locura, el dolor y la presión de la vida, la oración nos ayuda a bajar el ritmo y crea un espacio para que podamos escuchar la voz de Dios.

Un día, Jesús pasó por la casa de dos hermanas llamadas Marta y María. Lo más probable es que fueran las mismas Marta y María, cuyo hermano Lázaro fue resucitado más adelante por Jesús. Lucas nos dice que María estaba *"sentada a los pies del Señor, [y] escuchaba lo que él decía"* (10:39). Marta, por el contrario, estaba *"abrumada porque tenía mucho que hacer"* (v. 40).

Marta necesitaba ayuda en la cocina, y esperaba que María hiciera su parte. Me imagino a Marta haciéndole gestos a María cuando

Jesús no miraba, tosiendo y suspirando con fuerza desde la cocina, susurrando de modo amenazante en el oído de María, lanzando indirectas cada vez que salía con otro bol de aperitivos acerca del "calor que hace en la cocina" y "cuánto trabajo queda por hacer". María la ignoraba alegremente.

En cierto punto, Marta no pudo soportarlo más y perdió los papeles. Se quejó con Jesús, diciendo: *Señor, ¿no te importa que mi hermana me haya dejado sirviendo sola? ¡Dile que me ayude!* (v. 40). Con delicadeza, pero con firmeza, Jesús se negó.

Marta, Marta —le contestó Jesús—, estás inquieta y preocupada por muchas cosas, pero solo una es necesaria. María ha escogido la mejor, y nadie se la quitará. (vv. 41-42)

Observemos las dos posturas que se contrastan en este pasaje: *sentarse* y *servir*. Sentarse a los pies de un maestro era lo que solían hacer los discípulos. Por cierto, esto contradecía las normas de género de aquella época, que dictaban que solamente los hombres podían ser discípulos. Las mujeres debían estar donde estaba Marta: en la cocina, en un segundo plano, sin ser vistas y sin hablar. Por supuesto que servir en un segundo plano no tiene nada de malo, y de hecho Jesús habló mucho acerca del servicio. Es algo bueno y deberíamos hacerlo *más*, no *menos*. Sin embargo, servir nunca puede reemplazar el estar en la presencia de Dios, y por supuesto tampoco debería imponerse a alguien basándose en el género o cualquier otro estereotipo cultural.

María no dejó que las normas de género, las expectativas familiares, las listas de tareas pendientes, o incluso el humo que salía de la cocina la detuviera. Ella quería estar con Jesús, así que ignoró todo lo demás, se sentó y escuchó. Punto. No dejó que lo bueno la distrajera de lo mejor. Marta, por el contrario, estaba ocupada.

Y no solo ocupada, sino realmente estresada, ansiosa, preocupada, enojada, distraída, agobiada, frenética y presionada.

Eso se parece mucho a nuestra cultura actual. Siempre hay más cosas que hacer que tiempo para hacerlas. Siempre estamos corriendo de un lugar a otro, trabajando sin descanso, y distraídos constantemente. Presumimos de estar ocupados como si eso fuera una medalla; como si estar ocupados siempre demostrara nuestra importancia. Pero ¿y si estar siempre ocupados demuestra que no tenemos las prioridades bien establecidas?

No hace mucho tiempo, mientras estaba de vacaciones, leí *Elimina las prisas de tu vida*, de John Mark Comer. Me desarmó, en el buen sentido. Él argumenta que estar ocupados es uno de los mayores enemigos de la espiritualidad, y lo dice así:

> *"Lo que tiene tu atención te define como persona.* Dicho de otro modo: la mente es la puerta al alma, y las cosas con las que llenas tu mente darán forma a la trayectoria de tu carácter. Al final, tu vida no es más que la suma de las cosas a las que prestaste atención".[7]

Yo no quiero que el resumen de mi vida sea mi currículum; quiero que sea las relaciones. Primero con Dios, segundo con mi familia, y tercero con mis amigos y otras personas en mi vida. Trabajar duro, establecer metas y usar el tiempo de manera efectiva tienen su lugar, yo seré el primero que defienda eso. Me encanta soñar en grande y luego luchar por alcanzar esos sueños. Ver resultados tangibles me emociona. Sin embargo, también tenemos que dejar lugar para poner a un lado nuestro teléfono, apagar la computadora

---

7. John Mark Comer, *The ruthless elimination of hurry: How to stay emotionally healthy and spiritually alive in the chaos of the modern world* (Colorado Springs: Waterbrook, 2019), pp. 54–55.

y conectar con Dios y con las personas que nos rodean. Necesitamos aprender a estar presentes en el momento.

Eso es exactamente lo que la oración hace por nosotros: nos sienta a los pies de Jesús. Lo escuchamos, aprendemos de Él y nos acercamos más a Él, aunque eso signifique que el almuerzo se retrase un poco.

Cuando ya tienes demasiadas cosas que hacer, parece contradictorio no hacer nada, sentarte en la presencia de Dios y escuchar, pero escoger estar con Jesús es escoger "lo mejor", por citarlo a Él. No permitas que nadie te arrebate eso.

> **Yo no quiero que el resumen de mi vida sea mi currículum; quiero que sea las relaciones. Primero con Dios, segundo con mi familia, y tercero con mis amigos y otras personas en mi vida.**

EL REGALO DE SU PRESENCIA

Por lo general, cuando oramos buscamos respuestas, pero su presencia es el mejor regalo y mucho mejor que cualquier milagro. Puede que nuestras circunstancias sigan siendo las mismas, nuestros corazones sigan doliendo, y nuestros problemas no se resuelvan, pero el simple hecho de saber que Él está con nosotros es suficiente. ¿Qué recibimos en su presencia?

1. Gozo- David escribió:

> *Me has dado a conocer la senda de la vida; me llenarás de alegría en tu presencia, y de dicha eterna a tu derecha.*
>
> (Salmos 16:11)

El gozo supera las circunstancias. Puedes tener gozo incluso cuando estás pasando por momentos difíciles. Eso no significa que ignoras tu dolor, sino que la presencia de Dios te llena de un gozo que es más profundo, más ancho y más permanente que la situación que enfrentas.

2. *Paz*-Cité antes el siguiente versículo, pero vale la pena mencionarlo de nuevo en el contexto de la presencia de Dios:

> *¡Tú guardarás en perfecta paz a todos los que confían en ti, a todos los que concentran en ti sus pensamientos!*
>
> (Isaías 26:3, NTV)

Cuando Dios se muestra en tus tiempos de oración, sabes que las cosas se van a solucionar y que todo va a estar bien. Esa circunstancia, tragedia, dolor o prueba pasará. Aunque la tormenta arrecie a tu alrededor, sabes que estás a salvo.

3. *Sabiduría* -El apóstol Santiago escribió: *Si a alguno de ustedes le falta sabiduría, pídasela a Dios, y él se la dará, pues Dios da a todos generosamente sin menospreciar a nadie* (Santiago 1:5).

La presencia de Dios produce claridad. Puede que no veas el plan completo, pero por lo menos verás el siguiente paso. Su presencia te permite organizar las complejas emociones y pensamientos que luchan por tener tu atención, y tomar decisiones sabias y saludables.

4. *Valentía*- Cuando Josué asumió el liderazgo de Israel después de Moisés, se encontró con unos zapatos difíciles de ocupar. También tenía por delante una tarea imposible: guiar al pueblo de Israel para entrar en la Tierra Prometida.

Dios le dijo: *Mi mandato es: "¡Sé fuerte y valiente! No tengas miedo ni te desanimes, porque el Señor tu Dios está contigo dondequiera que vayas"* (Josué 1:9, NTV). Probablemente, Josué pensaba que necesitaría estrategias, armas y soldados; sin embargo, Dios le dijo que necesitaba *valentía* y la *presencia* de Dios. Y esas dos cosas están interconectadas.

5. Empatía- Anteriormente mencioné que Jesús levantó de los muertos a Lázaro, el hermano de Marta y María. Antes de hacer el milagro, sin embargo, conversó con María y Marta. Las escuchó y vio su dolor y su sufrimiento. Y lloró (ver Juan 11:35).

A pesar de ser Dios y saber que el dolor terminaría pronto, Él sintió empatía y compasión. No hizo de menos su dolor sino que las acompañó en medio de él. Estoy seguro de que Marta y María nunca se habían sentido más apreciadas y escuchadas que ese día. Cuando oras, Dios te ve y te escucha. Su presencia te acompaña y te consuela; Él se duele contigo, celebra contigo, y vive la vida contigo.

6. Descanso- Anteriormente cité la invitación de Jesús a las multitudes: *Vengan a mí todos ustedes que están cansados y agobiados, y yo les daré descanso. Carguen con mi yugo y aprendan de mí, pues yo soy apacible y humilde de corazón, y encontrarán descanso para su alma* (Mateo 11:28-29).

Cuando nos acercamos a Dios, encontramos descanso para nuestras almas. Creo que eso es lo que encontró María, y también era lo que Marta necesitaba.No tengas prisa por irte de su presencia. Siéntate a sus pies un rato, disfrutando de su favor y su mirada. Deja que la prisa y las ocupaciones se desvanezcan y el tiempo se detenga, porque nada importa más que estar con Él.

Gozo, paz, sabiduría, valentía, empatía, descanso… la presencia de Dios nos da todo eso y más. Pero, en última instancia, no se trata de lo que sacamos sino más bien de con quién estamos. Los beneficios son secundarios; en primer lugar está su presencia.

Dios mismo es el regalo que Él nos da, y nosotros somos nuestro regalo para Él. Así que, de nuevo, ¿qué puedes entregarle al Dios que lo tiene todo? Tú. Puedes entregarte a ti mismo.

SIETE

¿Has probado a reiniciar?

Oración y proceso

Cuando tu teléfono, computadora o enrutador de Wi-Fi empiezan a dar problemas, la primera línea de defensa siempre es la misma.

Reiniciar. Eso simplemente significa que lo apagas, lo enciendes de nuevo, y esperas cruzando los dedos. Si el ratón se atasca, reinicias tu computadora. Si el Candy Crush va lento, reinicias el celular, y si el enrutador parece haber pasado a mejor vida, lo reinicias. No importa qué dispositivo sea o qué le está pasando; se reinicia y listo.

Nadie sabe realmente lo que ocurre en el interior del dispositivo cuando se reinicia. Supongo que hace limpieza de archivos fragmentados o... algo así. Yo no lo sé; tal vez salen demonios. El caso es que normalmente, cuando reinicias, comienza a funcionar de nuevo. Cuando un dispositivo que dos minutos antes parecía estar en su último aliento de repente vuelve a la vida, recuperamos la fe en la tecnología.

Por supuesto que, si tienes cuarenta y siete documentos abiertos y sin guardar en tu computadora, lo último que quieres hacer es reiniciar. Sin embargo, si sigues trabajando e ignoras todas las señales de peligro, al final se congelará por completo. Entonces, te encuentras esperando con anhelo no haber perdido todo.

La oración se parece un poco a reiniciar tu alma. Y, lo mismo que con las computadoras, sigue siendo un pequeño misterio cómo ayuda exactamente. Los caminos de Dios son más altos que los nuestros, después de todo. Yo sé que, cuando oro, mi mente se calma y se enfoca. Me ayuda a limpiarla de esos pequeños fragmentos de pensamientos (proyectos, dolor, pecado, emociones, retos, planes) que dan vueltas en mi alma. Indudablemente, ayuda a echar fuera un par de demonios interiores.

Pasar unos minutos en oración refresca nuestro interior y nos da un nuevo comienzo. La oración nos ayuda a procesar las cosas que hay en nuestro corazón y en nuestro cerebro; es, de alguna forma, como revisar esos documentos sin guardar, decidir si los guardamos, los borramos o los terminamos, y después los cerramos liberando así espacio mental.

En la vida hay mucho dolor, confusión y trauma, pero el Espíritu Santo nos ayuda a manejar todas esas cosas. Él nos da entendimiento para saber qué importa y qué no, qué se puede descartar y a qué deberíamos aferrarnos.

QUERIDO DIOS, ¿ES EN SERIO?

Ser capaz de procesar nuestro dolor, nuestras dudas y nuestro trauma en la presencia de Dios es parte de un caminar espiritual emocionalmente saludable. También es algo que los seguidores de Dios han hecho por miles de años; solo hay que leer el libro de los Salmos.

David era un ejemplo extraordinario de alguien que sabía llevar cosas ante Dios en oración. Cuando leemos sus salmos, a menudo veremos una progresión parecida a lo siguiente:

1.   Dolor: queja, sufrimiento y tristeza.

2. Procesamiento: batallar con las contradicciones.
3. Oración: acudir a Dios en busca de ayuda.
4. Proclamación: declarar fe y confianza en Dios.
5. Paz: decisión, calma y expectación.

En otras palabras, sus oraciones, igual que las nuestras, eran dinámicas. Él aprendía y crecía mientras oraba.

Debes saber que no oramos desde la perfección. Tus oraciones no deberían ser discursos dirigidos a Dios cuidadosamente seleccionados, carentes de emoción, y rebosantes de autocontrol. Deberían salir del corazón. Y, si no lo hacen, no son realmente oraciones.

Pasar unos minutos en oración refresca nuestro interior.

Deberíamos orar desde la necesidad, la confianza, la humildad, e incluso la desesperación. A medida que ores en medio de esas circunstancias, te darás cuenta de que algo sucede en tu interior. Cambias. Aprendes. Creces. Y, con el tiempo, reinicias. Ordenas todos los pensamientos fragmentados que te retenían. Aprendes a manejar las emociones que te quitaban tanto enfoque. Te encuentras una vez más lleno de fe y valentía.

Esta progresión de cinco puntos no es una fórmula que hay que seguir, sino más bien una ilustración de la naturaleza dinámica de la oración. Veamos el Salmo 22 como ejemplo.

1. DOLOR: QUEJA, SUFRIMIENTO Y TRISTEZA

David comienza expresando su dolor y sus sentimientos de abandono:

> Dios mío, Dios mío, ¿por qué me has abandonado?Lejos estás para salvarme, lejos de mis palabras de lamento. Dios mío,

79

clamo de día y no me respondes; clamo de noche y no hallo
reposo. (vv. 1-2)

Puede que reconozcas la primera frase, porque Jesús la citó en la
cruz. De hecho, la mayor parte de este salmo refleja el sufrimiento
de Jesús en la cruz, y los cuatro Evangelios lo citan cuando descri-
ben su crucifixión. Tanto David como Jesús expresaron su dolor
con sinceridad. No intentaron ponerse algún tipo de máscara espiritual para fingir que todo estaba bien, sino que expresaron sus
emociones abiertamente.

Las mejores oraciones son las oraciones auténticas. No son elocuentes, sino sentidas, no son refinadas sino transparentes, y no
son obras de arte teológicas, pero tocan el corazón de Dios.

Querido Dios, ¿cómo es posible?

Querido Dios, ¿es en serio?

Querido Dios, ¿dónde rayos estás?

Querido Dios, no puedo más. No tengo fuerzas.

A Dios no le escandaliza esta clase de sinceridad, y tampoco vamos
a herir sus sentimientos. Esa es la forma en que oraba el salmista,
una y otra vez. Dios ya conoce nuestros corazones; ¿por qué, entonces, no íbamos a ser transparentes con Él? Podemos decirle que nos
sentimos solos, traicionados, abandonados, temerosos, enojados,
decepcionados, confundidos o dolidos. Tal vez te han dicho que
eso es irrespetuoso, pero Dios lo llama sinceridad.

2. PROCESAMIENTO: BATALLAR CON LAS CONTRADICCIONES

David no se queda en esa oscuridad, sin embargo. Él procesa sus
sentimientos acudiendo a Dios. Comienza diciendo lo siguiente:

Pero tú eres santo, tú eres rey,¡tú eres la alabanza de Israel!En ti confiaron nuestros padres; confiaron, y tú los libraste; a ti clamaron, y tú los salvaste;se apoyaron en ti, y no los defraudaste. (vv. 3-5)

¿Qué está haciendo David? Está recordando las obras de Dios en el pasado, y recordándose a sí mismo que Dios siempre ha sido fiel y no va a dejar de serlo ahora.

Parte de procesar nuestros sentimientos también significa poner nuestras circunstancias actuales en perspectiva con respecto al cuadro general. El dolor tiene la capacidad de hacer tanto ruido tan rápidamente, que pensamos que se está cayendo el cielo. Pero tal vez es solo un pedazo lo que se está cayendo, o una bellota. La única forma de saberlo es pasar tiempo reflexionando acerca de quién es Dios, lo que ha hecho por nosotros, cuán grande es Él, y dónde encajamos nosotros en su plan. Después de ese momento de ver la luz, sin embargo, las cosas vuelven a ponerse oscuras. David se lamenta, poéticamente, de cuán impotente se siente. Es como si las nubes de dudas se hubieran despejado por unos instantes, pero después hubieran regresado sobre él.

Un par de versículos después hay otro cambio. David recuerda su propio proceso de aprender a confiar en Dios.

Pero tú me sacaste del vientre materno; me hiciste reposar confiado en el regazo de mi madre. Fui puesto a tu cuidado desde antes de nacer;desde el vientre de mi madre mi Dios eres tú.
(vv. 9-10)

David reconoce que siempre ha confiado en Dios. Por supuesto que ha tenido momentos en los que no se ha sentido muy confiado, pero a lo largo de su vida ha caminado por fe. Dios es su Dios, y David confía en Él.

Si parece que hay un poco de descontrol emocional, es porque lo hay. Estamos viendo, en vivo y en directo, el proceso emocional, mental y espiritual de David. Y, si somos sinceros, se parece mucho al nuestro.

La oración no "arregla" nuestras emociones o pensamientos al instante. Arreglarlos ni siquiera es el objetivo, porque realmente no están rotos. Son parte de quienes somos, y son parte del camino en el que estamos. Cuando estés orando, no te escondas de la montaña rusa de sentimientos. A veces, nuestras oraciones tienen que ser oscuras para después poder ver la luz.

A Dios no le asustan las emociones fuertes. Él creó todos los sentimientos y los siente con nosotros.

3. ORACIÓN: ACUDIR A DIOS EN BUSCA DE AYUDA

Después de declarar su confianza en Dios, David comienza a levantar un clamor sincero pidiendo auxilio.

> *No te alejes de mí, porque la angustia está cerca y no hay nadie que me ayude.* (v. 11)

Durante once versículos le pide a Dios que lo rescate. En muchos sentidos, este es el corazón de la oración, pero le costó llegar hasta aquí. Primero tuvo que dejar que Dios se ocupara de las complicadas emociones que demandaban su atención. Repito que es poesía, así que seguramente tú no serás tan elocuente cuando ores; no pasa nada. La oración es hablar con Dios acerca de lo que deseas, necesitas, esperas, quieres o sueñas; solo recuerda ser sincero.

4. PROCLAMACIÓN: DECLARAR FE Y CONFIANZA EN DIOS

Cuando por fin ha terminado de expresar sus peticiones a Dios, David parece un hombre nuevo. Escucha su lenguaje triunfante:

Proclamaré tu nombre a mis hermanos; en medio de la congregación te alabaré. ¡Alaben al Señor los que le temen!¡Hónrenlo, descendientes de Jacob! ¡Venérenlo, descendientes de Israel!Porque él no desprecia ni tiene en poco el sufrimiento del pobre;no esconde de él su rostro, sino que lo escucha cuando a él clama. (vv. 22-24)

David no solo anuncia ahora al mundo cuán maravilloso es Dios, sino que incluso declara que Dios *no* lo ha ignorado o abandonado, justamente lo contrario a lo que decía al principio del salmo.

5. PAZ: DECISIÓN, CALMA Y EXPECTACIÓN

David habla acerca del poder, la fidelidad, y el amor de Dios durante varios versículos más. Al final del salmo, su situación mental y emocional es completamente diferente de lo que era al principio. Ahora está confiado y lleno de fe, con su alma llena de paz. Eso no significa que todo cambió en el mundo exterior, sino que todo cambió en su mundo interior. Eso era lo que más importaba.

Esas cinco cosas (el dolor, el procesamiento, la oración, la proclamación y la paz) son etapas lógicas de la oración. No siempre ocurren en este orden, y a menudo son cíclicas y no lineales: clamas, después pides ayuda, después llegas a estar confiado y descansando... y después llega otra oleada de dolor que te arrastra, y el ciclo se repite. Sin embargo, con cada ciclo encontrarás más estabilidad y paz, como una espiral ascendente que sale de las profundidades.

Repito: tus oraciones no tienen por qué seguir este patrón, e indudablemente no tienen por qué incluir tantas metáforas y lenguaje poético; sin embargo, casi siempre tendrán algún tipo de proceso o progresión, y cruzarás al otro lado con más claridad y fortaleza que antes.

ORACIONES EMOCIONALMENTE SALUDABLES

Peter Scazzero escribió en su libro *Espiritualidad emocionalmente sana*: "La espiritualidad cristiana, si no incluye la salud emocional, puede ser mortal: para ti mismo, para tu relación con Dios, y para las personas que te rodean".[8]

Tiene razón. No es suficiente solo con tener fe, perseguir la santidad o estudiar teología. También tenemos que estar sanos interiormente, sobre todo en lo que tiene que ver con nuestras emociones.

Somos seres holísticos: cuerpo, alma y espíritu. Mente, voluntad y emociones. Si una parte de nuestro cuerpo nos duele, tarde o temprano afectará a las demás.

Algunas veces, a los cristianos nos cuesta más admitir que tenemos necesidades emocionales, pues tendemos a pensar que la fe significa estar siempre bien y no poder estar nunca desalentados. No nos damos espacio para el luto, para exteriorizar nuestros sentimientos, para desahogarnos, para enfurecernos, para estar dolidos o para llorar.

La vida, sin embargo, está llena de trauma. Si no lo procesamos, puede dejar tras de sí un rastro de dolor en nuestras almas. A menudo creamos mecanismos de defensa o técnicas de supervivencia solo para aparentar que estamos bien. Pero, en el fondo, no lo estamos. Y Dios lo sabe. Pero lo importante es esto: Él no está decepcionado con nosotros; solo quiere ayudar.

Debemos aprender a poner todas esas cosas difíciles y oscuras delante de Dios en oración: el dolor, la culpa, el temor, la vergüenza, la ira, la traición, la adicción, el abuso o el trauma. Estoy seguro de que has atravesado varias temporadas así, o tal vez estés

---

8. Peter Scazzero, *Emotionally healthy spirituality* (Grand Rapids, MI: Zondervan, 2017), p. 7.

ahora mismo en medio de una. Aprende a procesar tus sentimientos a través de la oración, sentándote con ellos y con Dios al mismo tiempo, permitiéndole que te guíe por los rincones de tu corazón y produzca sanidad.

Un apunte: tal vez quieras probar a escribir tus oraciones. Yo lo hago a veces, y me ayuda mucho a aclarar las cosas. El hecho de poner palabras al dolor puede ser sanador en sí mismo, pero también nos permite analizar lo que sentimos, deconstruirlo, y verlo más objetivamente. Tal vez por eso David escribió tantos salmos, porque estaba aprendiendo a manejar traumas bastante importantes. Y nosotros tenemos la suerte de poder observar su proceso.

Como mencioné en el capítulo 1, la oración no sustituye otras formas de lidiar con el dolor y el trauma. Utiliza la sabiduría y la ciencia que la humanidad ha descubierto. La verdad es universal, y en última instancia, viene de Dios. Por lo tanto, no estoy diciendo que no debas buscar ayuda en los recursos humanos. Al fin y al cabo, Dios a menudo responde a nuestras oraciones de auxilio enviando a otros humanos.

Lo cierto es que tienes una relación con Dios: una línea directa al cielo. A través de la oración puedes recibir ayuda directamente de Él. Nadie te conoce tan bien como Dios, y nadie es tan capaz de ayudarte a llevar tu dolor emocional como Él. Si buscas en los humanos lo que solo Dios puede darte, lo más probable es que ellos terminarán quemados y tú desilusionado.

Él está contigo siempre. Búscalo a Él primero, búscalo más, y búscalo al final.

Si vas a terapia, continúa, pero prueba a orar antes y después. Si estás buscando ayuda de algún otro modo, no dejes de hacerlo.

Sigue leyendo, aprendiendo, hablando, cuidándote, creando límites, construyendo mejores amistades, tomando tu medicación, escribiendo en tu diario, viviendo el momento... tú me entiendes.

Simplemente añade la oración a lo que ya estás haciendo. Dios quiere acompañarte en el proceso. Quiere ayudarte a reiniciar, comenzar de nuevo, y revisar todos los archivos fragmentados así como los demonios, los sueños, los traumas, los altibajos y los detalles de esta complicada experiencia humana que llamamos vida.

Él está contigo siempre. Búscalo a Él primero, búscalo más, y búscalo al final.

OCHO

Dolores del crecimiento

Oración y perfección

Mi esposa es un poco perfeccionista, pero en el buen sentido, por supuesto. En el Eneagrama es un tipo 1 muy marcado: trabajadora, con el deseo de arreglar las cosas que no funcionan, y con la necesidad de terminar las cosas (y terminarlas bien). Me encanta. (Por cierto, un saludo a todos los fanáticos del Eneagrama. En mi opinión, es básicamente la versión cristiana del horóscopo, pero yo no soy quién para juzgar ¿no?).

Yo, por el contrario, no soy perfeccionista. Sin embargo, soy obsesivo compulsivo con algunas cosas; es como un perfeccionismo selectivo. Hay ciertas cosas que deben estar ordenadas y alineadas: el césped, las flores, los muebles, mis notas para los mensajes, mi ropa...

Tengo una obsesión especial con las arrugas, especialmente con eliminarlas. Soy un apasionado de planchar desde el año 1999 por lo menos, porque cuando empecé en el ministerio teníamos que llevar traje completo los domingos a la iglesia. De ahí mi amor por la plancha. Incluso ahora, con la cultura que es más relajada, sigo preparando mi conjunto completo la noche antes: escojo los pantalones y la camisa, los plancho y los extiendo para que no se arruguen. Al día siguiente, durante el camino en auto a la iglesia, sujeto el cinturón de seguridad con la mano para alejarlo de mi camisa y así preservar su suavidad y tersura lo máximo posible.

La perfección, por supuesto, es imposible de alcanzar en este planeta; por lo menos de la forma en la que solemos verla. En la Biblia, la palabra griega que a menudo se traduce como "perfecto" es *teleios*. Se refiere a algo que está entero, completo o terminado; puede cumplir su propósito porque tiene todo lo que necesita.[9]

Esa es una definición de la palabra *perfecto* muy distinta a la que podamos tener tú y yo. Nosotros tendemos a asociar la perfección con alcanzar cierto ideal de excelencia, desempeño o moralidad. Algo que es perfecto, en nuestra mente, no necesita cambiar porque no tiene imperfecciones. Los perfeccionistas son personas que buscan la perfección en todas las áreas.

Sin embargo, el concepto bíblico de ser perfecto no significa intentar alcanzar un ideal imposible, sino de *madurez*. Es la idea de intentar llegar a ser más completo y congruente con el diseño y propósito que Dios tiene para nosotros. Se trata de ser más *tú*.

La perfección, por lo tanto, no se trata de la meta sino del proceso; el objetivo es tu *crecimiento*. Piensa en cómo crecía tu cuerpo físico cuando eras niño. No podías ver el crecimiento, ni predecirlo, ni controlarlo. Simplemente ocurrió, y era imparable. El crecimiento espiritual es algo similar: es lento, natural, inevitable e imparable.

Recordemos que nuestro crecimiento espiritual (incluyendo el pecar menos) no está conectado a nuestra salvación, porque la salvación es un regalo de Dios y es por gracia. No vamos a la iglesia, oramos, adoramos, ayunamos, evitamos el pecado, amamos a

---

9. Gerhard Kittel, Gerhard Friedrich, & Geoffrey W. Bromiley, eds., *Theological dictionary of the New Testament* (Grand Rapids, MI: W.B. Eerdmans, 1985), p. 1164.

nuestro prójimo o ayudamos a los pobres para que Dios nos perdone. Más bien, hacemos esas cosas *porque* somos perdonados. Es la dinámica de la que hablamos antes: *desde* y no *por*. Somos libres para poder hacer cosas buenas; y, a medida que las hacemos, crecemos en nuestro caminar con Dios.

Comenzamos a pensar, hablar y actuar más como Jesús. Esa es la verdadera perfección. Vemos la palabra *teleios* muchas veces en el libro de Santiago. Por ejemplo, cuando escribe:

> Tengan por sumo gozo, hermanos míos, cuando se hallen en diversas pruebas, sabiendo que la prueba de su fe produce paciencia, y que la paciencia tenga su *perfecto* resultado, para que sean *perfectos* y completos, sin que nada les falte. (1:2-4, NBLA, énfasis añadido)

Para ser sincero, no me apasiona el énfasis que hace este versículo en las *pruebas*. Preferiría evitar las dificultades y las pruebas, ¿tú no?

Aun así, Santiago nos recuerda que desempeñan un papel muy importante en nuestro crecimiento espiritual. Nos dice que atravesar cosas difíciles crea en nosotros paciencia, y la paciencia tendrá un "perfecto resultado" que incluye hacernos "perfectos y completos". La perfección es un proceso, y no es un proceso fácil. Ocurre a medida que caminamos con Dios y permitimos que Él nos cambie.

En la secundaria, tenía un amigo que creció siete pulgadas (18 centímetros) en un verano; pasó de seis pies y dos pulgadas (1.87 metros) a seis pies y nueve pulgadas (1.92 metros). Se llamaba Brannon y jugaba al básquet increíblemente bien, pero ¿sabes de qué hablaba constantemente? De los dolores del crecimiento.

Todo el mundo quiere crecer, pero nadie quiere el dolor; sin embargo, las dos cosas suelen estar conectadas. Esta es la clave:

Los *dolores* del crecimiento son temporales, pero el *crecimiento* es permanente.

Podemos soportar la torpeza y la incomodidad del proceso de crecimiento porque sabemos que nos encantará el resultado.

ORA A LO LARGO DEL PROCESO

¿Qué tiene que ver todo esto con la oración?

Las pruebas no producen cambios de la noche a la mañana, ni tampoco nos hacen perfectos y completos al instante. Tenemos que *atravesarlas*. Es entonces cuando entra en juego la oración. La oración es nuestra conexión con Dios en medio de las pruebas.

La oración nos cambia *a nosotros*. Sí, la oración cambia las circunstancias que nos rodean, pero más que nada, nos transforma a ti y a mí.

La oración conecta nuestra fe y nuestras acciones, nos mantiene sinceros delante de Dios y abiertos a la corrección del Espíritu Santo, y nos conduce a la perfección; a estar completos. Cuando oramos, crecemos.

La oración no es la única forma en la que podemos crecer, sin embargo. Leer la Biblia, ser parte de la comunidad de una iglesia, adorar, hablar con otras personas, tomar clases, la experiencia, recibir consejería, y cosas semejantes contribuyen a hacernos seres humanos completos.

Sin embargo, la oración tiene algo único, especialmente cuando estamos pasando por momentos difíciles. A menudo recurrimos a la oración intentando *salir* de los momentos complicados; cuando eso no funciona, oramos para poder *atravesar* los momentos difíciles. Pero ¿por qué no oramos para *crecer* en medio de esos momentos? ¿Y si Dios quiere responder a nuestras oraciones haciéndonos crecer, madurar, y ser personas más completas y maduras? Creo que eso es exactamente lo que ocurre la mayoría de las veces.

No es casualidad que Santiago hable acerca del crecimiento personal en el contexto de las pruebas y la paciencia. Me gustaría que no fuera así, pero la realidad es que tendemos a crecer cuando nos vemos forzados a ello. Cuando llegan pruebas, dificultades o problemas, tenemos que desarrollar nuevas habilidades o herramientas para hacerles frente.

¡Eso es bueno! ¿Para qué vas a *pasar* por ello cuando puedes *crecer* en ello?

Cuando pensamos en la perfección que tiene que ver con el carácter (es decir, ser completos y maduros) y el papel que juega la oración, hay algunas cosas que debemos tener en cuenta.

La oración es nuestra conexión con Dios en medio de las pruebas.

1. EL CRECIMIENTO REQUIERE ESFUERZO.

El crecimiento personal no suele ser fácil o divertido. Por lo regular se describe con palabras como *incómodo, doloroso, lento, aterrador, laborioso, humillante* y *confuso*. Aun así, los resultados valen la pena.

Cuando yo jugaba al básquet en la secundaria, a todos nos gustaban los partidos, pero a nadie le gustaban los entrenamientos técnicos. Nadie disfrutaba corriendo alrededor de la cancha. Nadie llegaba a los entrenamientos emocionado por soportar los gritos de aquellos sádicos entrenadores que pasaban su tiempo libre desarrollando maneras nuevas de agotarnos.

Sin embargo, cuando llegaba la hora de los partidos, nos alegrábamos de cada minuto que habíamos invertido en nuestro desarrollo. El dolor era temporal, pero los resultados eran obvios. Habíamos desarrollado resistencia, habíamos mejorado nuestras habilidades y trabajado sobre nuestro potencial. Nos habíamos convertido en jugadores completos.

Eso fue hace mucho tiempo atrás. Actualmente juego "por diversión", lo que significa que ninguno de nosotros se va a esforzar demasiado ni hay ningún entrenador gritándonos para que corramos alrededor de la cancha. Tampoco hacemos entrenamientos, y no hay objetivos de peso o restricciones alimentarias. Simplemente nos juntamos un montón de papás un poco entrados en kilos que quieren pasar un buen rato intentando no lesionarse.

Es divertido, eso seguro; sin embargo, si alguien llegara a ojear nuestros partidos para reclutar (lo cual nunca ocurrirá), no escribirían palabras como *resistencia, habilidad* y *completo* en sus libretas. Si vas a crecer, debes hacer un esfuerzo para conseguirlo, y *la oración* es una parte muy importante de ese esfuerzo.

Ora en medio de tus pruebas.

Ora en medio de tus retos.

Ora en medio de tus dudas y temores.

Ora en medio de tus meteduras de pata.

Ora en medio de tus frustraciones.

Ora en medio de tus fallas de carácter.

Ora en medio de tus carencias.

Ora en medio de tus ideas de negocios.

Ora en medio de tus opciones.

Mientras más ores por esas cosas, más te hablará Dios y te ayudará a cambiar. Me encanta esta oración que escribió David:

Examíname, oh Dios, y sondea mi corazón;ponme a prueba y sondea mis pensamientos. Fíjate si voy por mal camino,y guíame por el camino eterno. (Salmos 139:23-24)

David no suponía con arrogancia que tenía razón en todo, porque sabía que podía tener puntos ciegos, motivaciones egoístas, pensamientos tóxicos y comportamiento ofensivo, así que sometió su corazón a Dios en oración.

Dios te tomará la palabra cuando ores así, por cierto. Hablaremos más sobre eso posteriormente, en un capítulo titulado "Estas oraciones son peligrosas". Por lo tanto, ora solamente si vas en serio con el crecimiento.

Las pruebas te cambiarán, si tú lo permites. Te transformarán en una mejor versión de ti mismo que es más perfecta. Puede que te cueste algo de sangre, sudor y lágrimas, pero los resultados valen la pena.

2. EL CRECIMIENTO TOMA TIEMPO.

Tardarás toda la vida, para ser exactos. No lo digo para desanimarte; lo que quiero decir es que seguirás creciendo mientras sigas pisando este planeta. El crecimiento es natural, es saludable y nunca se detiene.

Cuando se trata de crecimiento, muchos de nosotros hemos supuesto erróneamente que algún, día si nos esforzamos mucho, llegaremos a la cumbre de la perfección y ya no tendremos que cambiar nunca más. Eso no va a ocurrir mientras vivamos a este lado del cielo.

Por eso la oración es una herramienta tan vital; mantiene permanentemente abierta la línea de comunicación libre con Dios. No solo durante una emergencia puntual, sino todo el tiempo.

A veces, tratamos la oración como una petición de servicio técnico. ¿Alguna vez has presentado una de esas peticiones? Tal vez no consigues averiguar por qué un programa o servicio que contrataste no está funcionando, así que contactas con el servicio técnico. Ellos abren un expediente con tu número de caso, te ayudan a resolver el problema (si tienes suerte) y después cierran el caso. Al final de todo, recibes un bonito correo electrónico donde te resumen la gran ayuda que te han brindado, y nunca vuelves a hablar con ellos. Es todo muy frío, impersonal y mudo.

Sin embargo, ese no es el objetivo de la oración. La oración es mucho más que una solicitud formal de ayuda para un problema que no puedes solucionar. La Biblia no es una lista de preguntas frecuentes en las que tiene que encajar tu problema, y el "expediente" nunca se cierra. ¿Por qué? Porque Dios no nos trata como consumidores o clientes. Somos sus *hijos*. Somos sus amigos.

La oración se parece más a un intercambio constante de mensajes de texto con un amigo cercano. Le escribes cuando lo deseas, y contestas cuando quieres. De vez en cuando, y sin ningún horario, los dos envían mensajes, memes y chistes internos. Hablan acerca de lo que tienen planeado hacer ese día y cómo les hace sentir. Hablan acerca de lo que les hace estar felices, tristes o enojados.

No hay presión ni protocolo; simplemente hablan.

Necesitamos esa clase de comunicación abierta con Dios porque la vida está llena de cambios complejos, improvisados, y a menudo invisibles. Tiene giros inesperados y valles oscuros que llegan cuando menos los esperamos.

Cuando estás en problemas, lo que necesitas no es un soporte técnico celestial, ni una lista de preguntas frecuentes que revisar. No necesitas que se te asigne un ángel al azar con el que puedas conversar amablemente para que te dé algunas opciones antes de cerrar el caso.

Lo que necesitas es hablar con *Dios*.

La oración es tu conexión con Él. Es una línea abierta de comunicación; un intercambio constante de mensajes de texto que siempre está disponible mientras avanzas por esta vida, que muchas veces es una locura. Aprende a recurrir a la oración rápidamente, y no como último recurso. Deja que sea la herramienta con la que más familiarizado estés; tu primer recurso y tu solución favorita. En otras palabras, mantén abierta la conversación.

3. EL CRECIMIENTO REQUIERE HUMILDAD.

Temprano en su carrera, antes de convertirse en gurú del *fitness* y llegar a ser un personaje televisivo, a Jillian Michaels la despidieron de su trabajo en una agencia de talentos y terminó trabajando como asistente de fisioterapia en un gimnasio. Para ella fue una bofetada en la cara y un recorte enorme en su salario. También fue lo mejor que le podía haber pasado.

Ella comenzó desde lo más bajo, pero amaba lo que hacía y se le daba bien. Comenzó a ganar influencia como entrenadora, comenzó su propia empresa, la invitaron al programa *The Biggest Loser* (Perder para ganar), y desde entonces ha sido muy influyente en el mundo del *fitness* y la televisión.

Jillian resume su repentino cambio de profesión de la siguiente manera: "Un día malo para tu ego es un día estupendo para tu alma".[10] Me encanta eso. No cuando mi ego sufre un golpe; eso duele. Me encanta la conexión que establece entre la humildad y el éxito del alma. Las pruebas, las dificultades, los problemas y las tribulaciones son muy efectivas cuando hablamos de bajarle un punto a nuestro ego. O dos. O diez. Eso es bueno. ¿Por qué? Te lo diré. La humildad nos predispone al cambio.

A las personas orgullosas no les interesa el crecimiento personal. ¿Por qué les iba a interesar? Ellos no necesitan crecer porque lo saben todo, o eso creen. Se ven como los maestros, no como los estudiantes; como los expertos, no los aprendices. Eso es hasta que se topan con un problema que no pueden resolver o una situación que los lleva de regreso a la realidad. Entonces se dan cuenta, como todos deberíamos hacer de vez en cuando, de que ninguno de nosotros tiene todas las respuestas. Todos estamos aprendiendo, y no pasa nada.

> **Si la oración no te está cambiando, no lo estás haciendo bien.**

Cuando te encuentres con una dificultad o un reto, sé rápido en admitir dónde tienes que crecer. No finjas tenerlo todo bajo control si no es así. Busca sabiduría, busca consejo, aumenta en conocimiento y pide ayuda. Contrario a la opinión popular, lo vergonzoso es el *orgullo*, no la humildad.

Esto nos lleva otra vez a la oración, pues la oración es un acto de humildad. Cuando oramos, reconocemos que hay un poder más grande que el nuestro, y admitimos que no tenemos todas las respuestas y necesitamos ayuda.

---

10. Jillian Michaels, Mariska van Aalst, y Christine Darwin, *Master your metabolism: The 3 diet secrets to naturally balancing your hormones for a hot and healthy body!* (Harmony/ Rodale, 2009), p. 21.

Cuando pasamos por pruebas y recurrimos a la oración, abrimos paso al cambio tanto interno como externo. En lugar de insistir arrogantemente en que Dios arregle nuestras circunstancias, le damos permiso para que dirija nuestro crecimiento personal. El secreto de la perfección es caminar con Dios en humildad.

Estas tres verdades: *el crecimiento toma tiempo, requiere esfuerzo y requiere humildad*, no son fáciles de digerir. Seguramente desearías que el crecimiento fuera rápido, fácil y no entrara en conflicto con tu ego.

Sin embargo, a fin de cuentas, el proceso de la perfección nos acerca a Dios y va poniendo capas de historia e intimidad para construir nuestra relación con Él. Por eso David era un hombre conforme al corazón de Dios, porque año tras año, batalla tras batalla, reto tras reto, y a pesar de que cometió errores terribles en el camino, constantemente acudía a Dios. Permitía que Dios lo purificara, cambiara, retara y guiara.

No tienes que llegar a ser perfecto de la noche a la mañana, pero sí tienes que permitir que Dios te transforme.

Si la oración no te está cambiando, no lo estás haciendo bien.

NUEVE

Súbete al auto

Oración y poder

Cuando nos mudamos a Los Ángeles para comenzar la Iglesia Zoe, teníamos un solo automóvil para toda la familia. Con eso me refiero a que Julia y los niños tenían un auto, y yo tenía la aplicación de Uber.

Al principio estaba bien, pero después de un par de meses comencé a buscar bastante a Dios en cuanto a este asunto. Mis oraciones solían surgir de los asientos traseros de esos Uber, en parte porque algunos de ellos conducían como si tuvieran prisa no por llegar a mi destino sino por conocer a Jesús cara a cara, y en parte porque simplemente prefiero conducir yo mismo. Es más eficiente, más cómodo, y más económico.

No nos podíamos permitir otro vehículo, así que yo le decía a Dios: "Necesito que me compres un automóvil". Esas eran mis palabras exactas.

No eran una demanda, estaba informándole a Dios.

Obviamente, no le estaba diciendo a Dios algo que Él no supiera ya, pero la Biblia nos dice que pidamos, busquemos y llamemos. Nos recuerda que Dios conoce nuestros deseos y responde a nuestras peticiones, Mientras más montaba en Uber, más aumentaba mi deseo, y esas peticiones se hicieron más frecuentes.

Eso fue así por meses, pero no me rendí. Sabía que necesitábamos otro vehículo y, de alguna manera, Dios abriría un camino.

Un día, de modo inesperado, me escribió un amigo. Era pastor en Rancho Cucamonga, y me dijo que su padre lo había llamado esa mañana diciéndole que me diera el siguiente mensaje: había estado orando esa mañana, ¡y el Espíritu Santo le dijo que me comprara un automóvil! Dijo: "Escoge el auto que tú quieras y nosotros te lo compraremos".

Mi amigo me envió directamente enlaces a la página web de dos agencias de autos y una cantidad aproximada que podía gastar. Un par de días después, me marché de una concesionaria con un vehículo nuevo.

Nunca olvidaré la avalancha de emoción, gratitud y asombro que me inundó en ese momento. Siempre he sabido que Dios responde a la oración, y he visto muchas oraciones respondidas a lo largo de los años, pero esa respuesta concretamente destaca entre mis recuerdos. Fue muy claro y drásticamente obvio que era Dios, y fue mucho más de lo que yo podría haber pedido o esperado.

Oramos porque Dios responde a nuestras oraciones con *poder*.

Sé que he pasado los últimos capítulos analizando muchas otras cosas que recibimos a través de la oración, incluyendo paz, propósito, premisas, perspectiva, presencia, proceso y perfección.

Esas cosas son, en muchos sentidos, más importantes que recibir la respuesta específica por la que estamos orando. Son más profundas, duran más, y son más importantes a la larga. Por eso es que la oración "siempre funciona"; porque la oración nos cambia incluso cuando no cambian las circunstancias por las que oramos.

Pero (y este *pero* es importante) Dios *también* nos da respuestas tangibles a la oración. No deberíamos hacer énfasis en los resultados internos de la oración a costa de los resultados externos, ya que los dos son parte de la oración y, cuando oramos, podemos esperar que Dios responda.

No, Él no nos debe nada.

No, Él no actúa según nuestros tiempos.

No, Él no nos da siempre lo que queremos.

No, Él no siempre hace las cosas como esperamos que las haga.

No, no podemos manipularlo para que haga lo que nosotros queremos.

Pero Dios *sí* responde a la oración. Él escucha los deseos de nuestro corazón y responde a nuestras peticiones.

Y tampoco lo hace a regañadientes. Al contrario que nosotros, los humanos, Dios nunca se impacienta cuando necesitamos su ayuda. En lugar de eso, Él se deleita en suplir nuestras necesidades.

PODER A TRAVÉS DE LA ORACIÓN

Cuando oramos, podemos esperar que Dios responda.

La razón principal por la que oramos es para obtener respuestas a nuestras oraciones, y eso no tiene nada de malo. La oración es una respuesta natural ante la necesidad, y una muestra de nuestra confianza en Dios. La oración nos mantiene humildes y conectados, y eso siempre es bueno.

David escribió en Salmos 34:15: *Los ojos del Señor están sobre los justos, y sus oídos, atentos a sus oraciones.* Dios quiere que expreses tus necesidades, y que creas que Él es bueno y tiene poder para ayudar.

Jesús enseñó muchas veces acerca de las oraciones respondidas. Mateo registra esta invitación concreta a orar:

Pidan, y se les dará; busquen, y encontrarán; llamen, y se les abrirá. Porque todo el que pide, recibe; el que busca, encuentra; y al que llama, se le abre. ¿Quién de ustedes, si su hijo le pide pan, le da una piedra? ¿O si le pide un pescado, le da una serpiente? Pues si ustedes, aun siendo malos, saben dar cosas buenas a sus hijos, ¡cuánto más su Padre que está en el cielo dará cosas buenas a los que le pidan! (7:7-12)

Jesús no estaba alentando a orar de manera tímida y poco entusiasta, o como último recurso. Él enseñaba y modelaba una vida de oración dinámica e interactiva. Oraba todo el tiempo y, como consecuencia, Dios se movía con poder. Solo tienes que leer los Evangelios y fijarte en los milagros increíbles que seguían a Jesús allá donde iba.

Juan, uno de los discípulos más cercanos de Jesús, también conocía el poder que se encuentra en la oración. Él escribió lo siguiente:

Esta es la confianza que tenemos al acercarnos a Dios: que, si pedimos conforme a su voluntad, él nos oye. Y, si sabemos que Dios oye todas nuestras oraciones, podemos estar seguros de que ya tenemos lo que le hemos pedido. (1 Juan 5:14-15)

La oración es mucho más que obtener respuestas concretas, pero no es *menos* que eso. Deberíamos celebrar y apreciar todos los beneficios que hemos visto en los capítulos anteriores, pero también deberíamos pedir por cosas específicas: cosas audaces, cosas reales, cosas pequeñas y grandes, necesarias, innecesarias, cosas para nosotros y cosas para los demás.

Aunque algunas de nuestras oraciones no serán contestadas de la forma que imaginamos, veremos la mano de Dios obrando.

¡Qué locura pensar que nuestras oraciones pueden mover la mano de Dios!

Cuando Dios responde a nuestras peticiones de manera tangible, es maravilloso y emocionante ver cómo aumenta nuestra fe. Se convierte en una prueba más del amor de Dios por nosotros, y también en un testimonio más en nuestro caminar con Dios.

Si tu fe necesita un empujón, la Biblia contiene decenas de ejemplos específicos de oraciones contestadas. Por ejemplo:

Abraham oró pidiendo un hijo (Génesis 15).

Agar oró para que Dios la rescatara del desierto (Génesis 16:7-13).

Moisés oró pidiendo ayuda en el Mar Rojo (Éxodo 14:15-16).

Los israelitas oraron pidiendo a Dios que los liberara de Egipto (Éxodo 2:23-25; 3:7-10; Hechos 7:34).

Gedeón oró pidiendo una señal (Jueces 6:36-40).

Sansón oró pidiendo fuerza (Jueces 16:28-30).

Ana oró pidiendo un hijo (1 Samuel 1:10-17, 19-20).

David oró pidiendo perdón y restauración después de haber pecado (Salmos 51).

Salomón oró pidiendo sabiduría (1 Reyes 3:1-13; 9:2-3).

Elías oró pidiendo que resucitara el hijo de una viuda (1 Reyes 17:22).

Jabes oró pidiendo prosperidad (1 Crónicas 4:10).

Los sacerdotes y levitas oraron bendiciendo al pueblo (2 Crónicas 30:27).

Daniel oró pidiendo la interpretación del sueño de Nabucodonosor (Daniel 2:19-23).

Un leproso oró pidiendo sanidad (Mateo 8:2-3; Marcos 1:40-43; Lucas 5:12-13).

Un centurión oró pidiendo por su sirviente (Mateo 8:5-13; Lucas 7:3-10; Juan 4:50-51).

Pedro oró para que Tabita resucitara (Hechos 9:40).

Los discípulos oraron para que Pedro fuera liberado de la cárcel (Hechos 12:5-17).

Estos son solo algunos de los momentos en los que Dios respondió a las oraciones de un individuo o un grupo de personas. Hay muchos más, aparte de las incontables promesas e invitaciones a llevar nuestras necesidades ante Dios en oración.

LA ORACIÓN ES UN VEHÍCULO

La oración, como dije en el primer capítulo, es el vehículo, no el destino. El poder de la oración está en su capacidad de llevarnos a la presencia íntima de Dios, abrir nuestros corazones delante del suyo, y traer el cielo a la tierra.

¿Recuerdas tu primer automóvil? Yo sí. Lo tuve cuando tenía 16 años, y era un Plymouth Volare de 1978 color verde vómito. Era una absoluta chatarra de automóvil, y lo apodé "Viejito". Aunque no era muy atractivo a la vista, me llevaba y traía de la escuela y el entrenamiento de básquet, y eso era lo único que importaba.

En realidad, el objetivo principal de un automóvil no es verse hermoso, aunque todos preferiríamos un Lambo antes que un cacharro cualquiera. Lo que más importa es que nos lleve de un punto A a un punto B, y aunque un color bonito, un interior de piel, y la conectividad *Bluetooth* son puntos a favor, lo realmente importante son las cuatro ruedas y un motor que funcione.

Del mismo modo, el objetivo de la oración no es ser estéticamente atractiva por cómo suena, sino producir cambios. La verdadera oración no se enfoca en alardear, sino en la efectividad, en el poder, y en llevarnos del punto A (nuestra situación actual) al punto B (la presencia de Dios).

Nuestra fe es algo más que rituales o moralidad; es una relación con un Dios vivo, con un ser real que ve, escucha, piensa, siente y actúa.

Por eso, la oración no se trata de memorizar fórmulas mágicas o hechizos, ni de orar con voz muy fuerte o ser muy elocuentes; de hecho, no se trata de nosotros.

Se trata de Dios.

Oramos a Dios, oramos conforme a su voluntad, le pedimos que se involucre, y oramos en el nombre de Jesús. La oración comienza, continúa y termina con Dios, y su poder surge de Él. La oración nos lleva al salón del trono celestial, a la mismísima fuente del poder, la creatividad y la gracia infinitas.

La oración no es poderosa; Dios lo es.

Dios es la razón por la cual oramos. La oración por sí sola no tiene poder, porque son solo palabras; sin embargo, esas palabras van dirigidas a Dios y tocan su corazón. Él responde a nuestras necesidades y a nuestras peticiones con base en ellas.

Cuando oramos, debemos darnos cuenta de que estamos accediendo a los recursos del cielo, y eso no es cualquier cosa. Cuando la Biblia nos anima a orar en fe, se refiere a orar desde un conocimiento extenso y lleno de asombro acerca de la naturaleza de Dios. Él quiere que nos enfoquemos en cuán grande es Él, no en cuán grandes son nuestros problemas.

Puede que seamos pequeños, pero podemos hacer oraciones grandes.

Puede que seamos débiles, pero podemos confiar en la fortaleza de Dios.

Puede que seamos inseguros, pero podemos estar seguros de su amor.

Puede que seamos tentados, pero en Jesús podemos encontrar una salida.

Puede que seamos pecadores, pero somos perdonados y aceptados por gracia.

Puede que seamos ansiosos, pero encontramos paz en su presencia.

Puede que estemos afligidos, pero podemos gozarnos sabiendo que Dios estará con nosotros.

Nuestras oraciones deben estar fundamentadas en la seguridad de saber que Dios nos escucha y puede ayudarnos. Sabemos que Dios está ahí, sabemos que le importa lo que está pasando, y sabemos que interviene en la existencia humana; por lo tanto oramos, y Dios actúa.

Súbete al auto, amigo.

AMIGOS DE JESÚS

La oración podría parecer una actividad innecesaria cuando pensamos en la omnisciencia de Dios. ¿Por qué orar si Dios ya sabe lo que vamos a pedir? ¿Por qué a orar si Él tiene un plan mejor que el que se nos pudiera ocurrir a nosotros? ¿Por qué a orar si lo que estamos pidiendo podría empeorar las cosas aún más?

Es probable que todos nos hayamos hecho estas preguntas en algún momento. Yo no tengo todas las respuestas, y creo que la interacción entre la soberanía de Dios y nuestra humanidad siempre tendrá un componente misterioso.

Lo que sí sé es que, cuando oramos, colaboramos con Dios y participamos de su gobierno soberano. Creo que, en parte, a eso se refería Jesús cuando nos dijo que oremos: *Venga tu reino, hágase tu voluntad en la tierra como en el cielo* (Mateo 6:10). Nuestras oraciones y nuestros esfuerzos se alinean con su voluntad y, juntos, traemos el cielo a la tierra.

Cerca del final de su vida en la tierra, Jesús les dijo a sus discípulos lo siguiente:

> *Ustedes son mis amigos si hacen lo que yo les mando. Ya no los llamo siervos, porque el siervo no está al tanto de lo que hace su amo; los he llamado amigos, porque todo lo que a mi Padre le oí decir se lo he dado a conocer a ustedes. No me escogieron ustedes a mí, sino que yo los escogí a ustedes y los comisioné para que vayan y den fruto, un fruto que perdure. Así el Padre les dará todo lo que le pidan en mi nombre. Este es mi mandamiento: que se amen los unos a los otros.* (Juan 15:14-17)

Fíjate en las palabras clave: *amigos, fruto, pedir, amor.*

En primer lugar, Jesús estaba diciendo que eran amigos. Los discípulos no eran solo sirvientes; también eran amigos. Había confianza y comunicación abierta entre ellos, y esa misma relación nos acompaña hoy: somos amigos de Dios.

En segundo lugar, esta amistad tendría como resultado el trabajo en equipo. "Fruto" se refiere a trabajo. Los discípulos (de nuevo, ese término nos incluye a nosotros) darían fruto. Lo que hacemos es en el nombre de Jesús y está en consonancia con la voluntad de Dios, por lo que tendrá resultados positivos.

En tercer lugar, la oración sería un elemento clave de su relación. Jesús dice "todo lo que le pidan", lo que implica que tendrían que pedir, escuchar, y aprender mucho al orar.

En cuarto lugar, se amarían los unos a los otros. Anteriormente había dicho que también permanecerían en su amor (ver v. 9). El amor, el trabajo en equipo y la comunicación abierta nos conectan entre nosotros y con Dios.

¿Qué significa esto para nosotros? Significa que nuestras oraciones ayudan a que la voluntad de Dios se cumpla en la tierra. En un sentido muy real, cuando oramos, estamos trabajando junto con Dios.

Sí, en su soberanía Él sabe lo que vamos a pedir cuando oramos, pero aun así nos invita a participar. Aunque parezca una locura, Él toma en consideración nuestras oraciones y escoge permitir que influyan en sus actos.

Al fin y al cabo, eso es lo que hacen los amigos. Sueñan juntos, se aman, y comparten un propósito común.

Nuestro papel como compañeros y colaboradores en la obra de Dios no está basado en nuestro propio mérito, por supuesto. Por eso Jesús insistió anteriormente, en Juan 15, en que permanezcamos en Él como Él permanece en Dios (ver vv. 1-10). Eso significa permanecer en su amor y en sus mandamientos.

Cuando oramos "en el nombre de Jesús", nos estamos recordando a nosotros mismos que la base de nuestras oraciones es Jesús, no

nosotros. No nos acercamos a su trono exigiendo nuestro derecho a ser escuchados o reclamando que Dios nos debe algo; pero
tampoco temblamos de miedo, aterrorizados por si Él ve nuestras debilidades y fracasos e ignora
nuestras necesidades como resultado.

Nuestras oraciones ayudan a que la voluntad de Dios se cumpla en la tierra. En un sentido muy real, cuando oramos, estamos trabajando junto con Dios.

nuestras necesidades como resultado. Nuestras oraciones no están ancla-
das en lo que hacemos sino en lo que somos: amigos de Jesús.

La base, la autoridad y el poder de nuestras oraciones vienen de Jesús.

Igual que Jesús caminó por esta tierra haciendo lo que el Padre hacía y diciendo lo que el Padre decía (ver Juan 5:19; 14:24), nosotros oramos y actuamos de acuerdo con la voluntad de Dios. Eso no significa que somos robots o marionetas que siguen ciegamente la voluntad de Dios. Él nos da una gran cantidad de libre albedrío, seguramente más de lo que creemos muchas veces. Él no nos domina ni nos sub-yuga, sino que nos lleva a una relación de codependencia con Él.

Algunas veces, nos pide nuestra opinión.

Algunas veces, nos permite tomar la iniciativa.

Algunas veces, sus decisiones se ven influenciadas por nuestros deseos.

Algunas veces, Él espera a que pidamos antes de decidir actuar.

Algunas veces, Él nos da opciones y después nos guía a la bendi-ción sin importar lo que escojamos.

Sería arrogante, si no imposible, que yo intentara describir esta colaboración en todas las circunstancias y para cada persona. Si algunas veces no puedo saberlo con certeza en mi propia vida, ¡¿cómo iba a hacerlo en la tuya?!

Lo único que sé es que, cuando oro, Dios me invita a participar en su obra; y, cuando quiero hacer su voluntad, me doy cuenta de que me pongo a orar.

La voluntad de Dios y nuestras oraciones están conectadas de modo complicado e inseparable. Es como el acertijo de la gallina y el huevo: ¿quién podría saber dónde termina la obra de Dios y dónde empieza la nuestra, o dónde termina la nuestra y empieza la suya?

¿Fueron mis oraciones las que hicieron que Dios reemplazara a esos conductores temerarios de Uber por un auto nuevo? ¿O tocó Dios mi corazón para que orara por lo que Él ya había planeado darme?

Sí a ambas.

Eso es lo único que puedo decir porque es lo único que sé. Y no pasa nada.

Nosotros oramos y Dios actúa. Él guía y nosotros lo seguimos. Nosotros pedimos y Él da. Él nos ama y nosotros lo amamos también.

Esa colaboración tiene un poder que va mucho más allá de lo que imaginamos, y eso es lo más hermoso acerca de la oración.

Siempre nos invita a conocer más de Dios.

Hemos pasado los últimos capítulos analizando algunas de las muchas maneras en que la oración nos beneficia, y estoy seguro de que hay más. Y ni siquiera hemos arañado la superficie de las que sí hemos cubierto.

Sin embargo, creo que es suficiente para comenzar. Al fin y al cabo, la oración es una de esas cosas que solo entenderemos completamente cuando comencemos a hacerlo.

Es como practicar *wakeboard*. Yo podría contarte lo que se siente cuando haces *wakeboarding*, y podría intentar explicarte la física que hay detrás. Incluso podría enseñarte videos de alguien que lo practica, pero aún no sabrías realmente lo que es el *wakeboarding*.

Tienes que hacerlo tú mismo.

Tienes que sentir la fuerza repentina del agua que impulsa la tabla y tu cuerpo fuera del agua y hacia la superficie. Tienes que descubrir la libertad que se siente al volar por encima de las olas bajo una fuerza que no es tuya. Tienes que experimentar cómo mover el peso de tu cuerpo afecta tu trayectoria, impulsándote hacia arriba y luego hacia abajo.

Solo hay una forma de aprender a hacer *wakeboarding*, y solo hay una forma de aprender a orar: tienes que hacerlo. A medida que lo hagas, comprobarás por ti mismo los innumerables resultados de la oración.

Ora hasta que encuentres paz.

Ora hasta que encuentres propósito.

Ora hasta que encuentres premisas.

Ora hasta que encuentres perspectiva.

Ora hasta que encuentres su presencia.

Ora hasta que encuentres tu proceso.

Ora hasta que encuentres perfección.

Ora hasta que encuentres poder.

LO QUE NADIE ENTIENDE ACERCA DE LA ORACIÓN

Cuando se trata de hacer ejercicio regularmente, hay dos clases de personas: quienes encuentran lo que les funciona y lo hacen durante las siguientes cuatro décadas, y quienes prueban cosas nuevas cada cuatro meses.

Las dos son extraordinarias, en mi opinión. Simplemente haz lo que te funcione. Punto.

Si te aburres y quieres hacer algo diferente, hazlo. Prueba la escalada, la esgrima, la natación sincronizada, o lo que sea que te guste y te mantenga activo. Si prefieres hacer lo mismo por cuarenta años, está bien; te gastarás menos dinero en equipo y accesorios, y ahorrarás más espacio en el armario que si cambias varias veces al año, eso es seguro.

La mejor rutina de ejercicio es aquella que realmente llevarás a cabo. El problema es *no* hacer ejercicio.

La cuestión es que, si no estás haciendo ejercicio, no es tan fácil como "empezar y listo". Cualquiera que haya tenido dificultad para iniciar un programa de ejercicio habitual ha tenido que lidiar con las razones subyacentes del porqué no hace ejercicio.

La oración funciona igual. Hay muchas formas de orar, como por ejemplo rutinas y métodos. Veremos algunos de ellos en la última sección de este libro, pero antes de hablar de eso, tenemos que analizar algunas cosas que podrían debilitar tu vida de oración incluso antes de comenzarla. Son cosas que, como los malos hábitos en el ejercicio, podrían hacerte daño si no las ajustas.

Veremos razones por las que podrías no estar orando, oraciones que son una pérdida de tiempo, oraciones que se rinden con demasiada facilidad, utilizar las oraciones como excusas, lidiar con las oraciones no respondidas, y mucho más.

Hace falta sinceridad para confrontar las cosas que te obstaculizan, pero como dice siempre mi entrenador de Peloton, Jess Sims: "¡Sin ego, amigo!".

La decisión es tuya: cambia tu rutina de oración a cada momento, o busca algo que funcione y te dure décadas. Pero no te permitas el lujo de *no* orar. Ese sería el único error.

── DIEZ ──

Cómo esquivar patos

Hay pocas fuerzas en la tierra que puedan hacer que los conductores de California reduzcan la velocidad, y mucho menos que hagan
que se detengan en masa. Por lo tanto, si vas conduciendo por la
autopista y repentinamente te encuentras con una barrera de luces
de freno en la distancia, sabes que hay un problema de verdad.

Seguramente sea: (a) obras en la carretera, (b) un accidente, o
(c) una mamá pato y sus patitos que están cruzando la carretera.

La última ocurre de verdad, por cierto. En ocasiones, algunos
patos que no tienen miedo a nada intentan cruzar la I-5, que es
la carretera interestatal principal de la Costa Oeste, ocasionando
atascos y llenando reportes de noticieros. ¿Por qué cruzan la carretera? Nadie lo sabe (excepto la mamá pato, seguramente, pero ella
no quiere hablar).

Los atascos de tráfico tienen algo que los hace inherentemente
frustrantes, independientemente de cuál sea su causa, y no creo
que sea yo el único que piensa así. Con cada centímetro que avanzas, rodeado de cientos o miles de otros conductores y motoristas
frustrados, comienzas a replantearte la existencia de la humanidad, o por lo menos cuestionas la competencia de los ingenieros
civiles que hicieron las carreteras.

El tráfico debería *fluir*. Los vehículos están diseñados para *moverse*.

Lo que quiero decir es lo siguiente: si el tráfico no avanza en la autopista, hay algo que lo está obstaculizando; y, hasta que alguien no se ocupe de eso, yo estaré atascado en medio del tráfico escuchando *podcasts* (si estoy solo) o la lista de reproducción de Kidz Bop (si estoy con la familia), mientras el tiempo pasa lentamente.

De igual modo, las oraciones fueron diseñadas para fluir, para moverse, para llegar a alguna parte. Por lo tanto, si tu vida de oración no fluye, probablemente hay algo que la está obstaculizando. En lugar de obras o patos, ese algo suele ser interno, sutil y fácil de pasar por alto.

La oración es algo que nos sale natural a los seres humanos. La práctica de la oración está presente en las religiones de todo el mundo; después de todo, es simplemente hablar. Los humanos aprendemos a hablar a una edad temprana, y después nunca nos callamos. Tiene sentido entonces que también hablemos con Dios.

Ya que la oración es algo natural, si no estamos orando con regularidad, suele haber una razón. Si queremos orar más, tenemos que averiguar qué es lo que está estorbando. Sin embargo, a menudo no nos tomamos el tiempo de averiguar cuál es ese obstáculo, y simplemente nos sentimos culpables por no orar más.

¿Por qué nos sentimos culpables? Porque sabemos que deberíamos orar más. Hemos escuchado acerca de la oración, leído acerca de la oración, incluso hemos probado a orar. Tal vez nos encanta orar; pero simplemente no lo hacemos tan a menudo como nos gustaría o sabemos que deberíamos hacerlo.

Cuando necesitamos algo sí oramos, por supuesto, pero entonces nos sentimos culpables por hablar con Dios solamente cuando tenemos una petición. Es como ese tío rico en el que nunca piensas hasta que necesitas que alguien firme tu aval para el contrato de la renta de un apartamento.

La buena noticia es que Dios no nos avergüenza por nuestra falta de oración. ¿Por qué iba a hacerlo? La oración es para nosotros, no para Él. Si no oramos, no es Dios quien sale perdiendo. Yo creo que Él nos extraña, por supuesto, pero nuestra falta de oración no puede quitarle nada a un Dios infinito.

Por lo tanto, si no estás orando tanto como te gustaría, recuerda que Dios no está enojado contigo y no tienes de qué avergonzarte.

Encontrar y eliminar los obstáculos para la oración no tiene que ver con la vergüenza. Cuando te preguntas a ti mismo por qué no estás orando más, el objetivo no es darte en la cabeza con una Biblia, obsesionarte con todo lo que estás haciendo mal, o decirte a ti mismo que no das la talla.

El objetivo es tener más conocimiento.

La vergüenza no va a solucionar nada, y es el peor motivador de todos. La vergüenza promete ayudarte a cambiar, y por un corto periodo de tiempo parece funcionar. El castigo autoimpuesto hasta parece que se siente bien, y nos creemos que estamos pagando por nuestros pecados, o algo así, como si fuéramos masoquistas. Nos motiva a hacer algunas cosas de manera diferente para evitar la vergüenza.

Pero, al final, la vergüenza solo nos desanima todavía más.

¿Por qué? Porque, en cuanto empezamos a mejorar, la vergüenza va desapareciendo, y con ella nuestra motivación para seguir adelante. Por eso volvemos a los viejos hábitos, y la vergüenza regresa a nuestro lado. Entonces cambiamos de nuevo, temporalmente, hasta que conseguimos acallar la voz de la vergüenza. Y el círculo se repite infinitamente y sin descanso.

Amigo, bájate del tren de la vergüenza porque no te va a llevar al lugar donde quieres ir.

En lugar de eso, pregúntate a ti mismo con sinceridad: ¿qué obstáculos podrían estar impidiendo que tenga una vida de oración saludable? Echemos un vistazo a algunas posibilidades.

1. LA IGNORANCIA: NO LO ENTIENDO

Es difícil hacer cosas que no entiendes, como por ejemplo el cálculo. O trenzar el cabello. Tal vez una de esas cosas, o las dos, son fáciles para ti; sin embargo, para mí no lo son, así que las evito.

Si no sabemos cómo hacer algo, o aprendemos o tendemos a evitarlo; así es la naturaleza humana.

La oración no es difícil; pero hay cosas que tenemos que aprender porque es un acto espiritual, y algunos de nosotros no estamos acostumbrados a utilizar la parte espiritual de nuestro ser. Si echas la mirada atrás a cuando aprendiste a montar en bicicleta, a nadar o a leer, te darás cuenta de lo imposible que eso parecía hasta que cruzaste un umbral invisible y, de repente, todo comenzó a tener sentido.

Para ser sincero, ese es el objetivo de este libro: quiero desmitificar la oración. Quiero que sea algo natural para ti, como montar en bicicleta o leer un libro. Eso no ocurre de la noche a la mañana, pero tampoco es necesaria toda una vida.

No dejes que la oración te intimide, y no la compliques en exceso. Tampoco te escondas de ella, porque no es un misterio esotérico que solo unos pocos híper espirituales pueden llegar a dominar, ni está reservada para pastores, predicadores y santos.

La oración es para todos, y todos pueden orar.

Vamos, tú puedes.

2. LA INEXPERIENCIA: NO SE ME DA BIEN

Una cosa es obtener información y aumentar el conocimiento, y otra es tener experiencia real.

Pregúntate a ti mismo con sinceridad: ¿qué obstáculos podrían estar impidiendo que tenga una vida de oración saludable?

¿Alguna vez has estado en una fiesta y le preguntaste a alguien, de forma inocente, qué le gusta hacer para divertirse, y se lanzó a dar un monólogo de media hora acerca del surf, el *snowboarding*, la astronomía, o cualquier otra cosa que tú no tienes ni idea de cómo hacer? Claramente le apasionaba el tema, y habló hasta que los ojos se te pusieron vidriosos.

Probablemente aprendiste más de lo que te hubiera gustado acerca de su pasatiempo, pero eso no significa que tú puedas hacer lo que ellos hacen. Adquiriste conocimiento teórico (y tal vez un poco de dolor de cabeza), pero no tenías experiencia de primera mano; por lo tanto, la realidad es que no tenías ni idea de cómo hacerlo.

Hay una razón por la que las entrevistas de trabajo suelen enfocarse más en la experiencia que en cualquier otra calificación. Simplemente, las competencias prácticas no tienen sustituto.

Con la oración pasa lo mismo. Podrías leer este libro y cinco más de principio a fin pero, si no oras, nunca sabrás *cómo* orar. Para mejorar en la oración, tienes que orar.

Nosotros enseñamos a nuestros hijos a hacer sus camas cuando tenían alrededor de tres años. Las primeras veces que lo intentaron, su comentario era siempre el mismo: "Papá, no puedo, no se me da bien".

Seguramente puedes adivinar qué respondía yo. "Sí puedes, ¡solo necesitas practicar!".

Eso nunca era bien recibido, pero era la verdad. Ahora son profesionales en hacer las camas, y algún día sus cónyuges nos darán las gracias por ello.

Ese mismo principio se aplica a la oración. Que algo no se te dé bien no significa que no se te *puede* dar bien; solo significa que necesitas practicar.

Si alguna vez te has sentido un poco intimidado por la oración o sin saber muy bien qué decir, no te rindas. Mejor haz un esfuerzo, experimenta y aprende qué te funciona, qué te gusta más, y cómo la oración encaja en tu personalidad única y tu horario.

La realidad es que no hay reglas o protocolos sobre cómo se debe orar. Hay algunas cosas que deberías evitar (eso lo veremos en el próximo capítulo) pero, por lo general, la oración será algo natural; y, cuanto más lo hagas, más fácil será.

No tienes nada que perder, ¿no? Nada excepto preocupación, el sentirte abrumado, dolor, heridas, y muchas otras cosas que es mejor no cargar.

3. EL ABURRIMIENTO: NO ME GUSTA HACERLO

En general, evitamos las actividades aburridas, y las que nos ofrecen recompensa nos resultan atractivas.

Eso no significa que nunca hacemos cosas que nos resultan aburridas; de hecho, las hacemos todo el tiempo porque tenemos que hacerlas. Trabajar, estudiar, pagar facturas, cortar el césped, y otras miles de cosas que ocupan nuestro tiempo. Tal vez desearíamos poder evitarlas, pero somos adultos, así que no lo hacemos. O lo hacemos y luego nos arrepentimos.

La oración no debería ser una de las cosas que "tenemos" que hacer. Si es así, tenderemos a evitarla y la pospondremos. Solo oraremos cuando sea imprescindible.

Muchas personas ven la oración como algo aburrido porque les han enseñado que lo hacemos para recibir algún beneficio indefinido e intangible de parte de Dios. La consideran una disciplina espiritual que de alguna manera nos ayuda. Nos dicen que simplemente lo hagamos, ya sea que tengamos ganas o no.

Yo me opongo firmemente a ese enfoque de la oración.

En unos instantes hablaremos acerca de ser disciplinados e intencionales con la oración, porque yo entiendo la importancia de ignorar la resistencia inicial que nuestro cuerpo y nuestra mente podrían poner ante la oración. A veces sí que oramos porque sabemos que debemos hacerlo, aunque no tengamos ganas de hacerlo.

> Cuando te das cuenta del poder de la oración, pasa de ser aburrida a ser gratificante, de ser algo que "tienes" que hacer a algo que "te encanta" hacer.

Pero eso no significa que tenemos que forzarnos a orar todo el tiempo.

Espero que los beneficios que hemos analizado en la primera sección te hayan servido para emocionarte con respecto a la oración. La oración produce resultados tanto internos como externos, a corto y a largo plazo, individuales y colectivos, mentales y espirituales. La oración te cambia desde el momento en que comienzas a usarla, y sigue funcionando mucho después de que te hayas detenido.

Cuando te das cuenta del poder de la oración, pasa de ser aburrida a ser gratificante, de ser algo que "tienes" que hacer a algo que "te encanta" hacer.

4. EL DESÁNIMO: NO FUNCIONA

¿Alguna vez te has pesado después de un entrenamiento y sentido frustrado porque no has perdido peso después de tanto ejercicio intenso? Tal vez incluso *subiste* medio kilo porque te bebiste una botella entera de agua.

En tu mente sabes que no funciona así. El ejercicio no se trata solo de quemar calorías en el momento, sino de aumentar tu metabolismo y tu salud general para que tu cuerpo queme calorías durante todo el día. Además, perder peso no es el único objetivo. Lo que quieres es que tu cuerpo esté sano, no encajar en un estereotipo creado por la sociedad. Quieres desarrollar músculo, mantenerte flexible y tener buena circulación.

En otras palabras, el ejercicio consigue algo más que lo que ves en la báscula o en el espejo; sigue trabajando a tu favor durante todo el día, no solo en ese momento. Además, sus beneficios van más allá de la pérdida de peso.

De la misma manera, la oración trabaja a tu favor hasta mucho después de que terminas de orar, y sus beneficios van mucho más allá de las oraciones contestadas. Eso lo vimos en detalle en la sección 1.

Y, sin embargo, muchos de nosotros estamos tan enfocados en obtener respuestas rápidas y visibles a la oración, que nos rendimos cuando eso no ocurre. Es como si dejaras de entrenar porque la báscula no marcó un peso diferente después de correr cinco kilómetros.

La oración siempre está trabajando a tu favor, día y noche, de muchas maneras diferentes. Dale tiempo, y analiza los resultados que estás buscando. Utiliza un enfoque holístico y a largo plazo de la oración, y estarás mucho más motivado.

5. VERGÜENZA: ME SIENTO HUMILLADO

¿Recuerdas el ejemplo del dentista? Tendemos a evitar a las personas que nos avergüenzan.

Cuando evitamos a Dios, a veces puede ser porque nos avergonzamos de quiénes somos o de las veces que hemos fallado. Tal vez pensamos que Dios nos está juzgando, así que inconscientemente nos mantenemos alejados de Él.

Esa sensación de fracaso y condenación es más peligrosa de lo que podrías pensar. Te obstaculizará no solo en la oración, sino también en la fe y en el servicio, y te impedirá correr riesgos.

Tengo una sugerencia: no evites la oración por vergüenza; utiliza la oración para luchar *contra* la vergüenza. Si te sientes avergonzado o inseguro delante de Dios, toma tiempo para orar con algunos versículos que reafirmen tu identidad delante de Él.

A través de la oración puedes reprogramar tu modo de pensar. Cambiar tu modo de pensar cambiará cómo te sientes. Cambiar cómo piensas y te sientes cambiará tu modo de actuar. Y eso cambiará tu vida.

¿Necesitas algunas sugerencias de versículos que te ayuden a combatir la vergüenza? A continuación tienes algunos, pero hay muchos más.

+ *Dios no envió a su Hijo al mundo para condenar al mundo, sino para salvarlo por medio de él. El que cree en él no es condenado, pero el que no cree ya está condenado por no haber creído en el nombre del Hijo unigénito de Dios* (Juan 3:17-18).

+ *Por lo tanto, ya no hay ninguna condenación para los que están unidos a Cristo Jesús* (Romanos 8:1).

+ *En consecuencia, ya que hemos sido justificados mediante la fe, tenemos paz con Dios por medio de nuestro Señor Jesucristo. También por medio de él, y mediante la fe, tenemos acceso a esta gracia en la cual nos mantenemos firmes. Así que nos regocijamos en la esperanza de alcanzar la gloria de Dios* (Romanos 5:1-2).

+ *Ni lo alto ni lo profundo, ni cosa alguna en toda la creación podrá apartarnos del amor que Dios nos ha manifestado en Cristo Jesús nuestro Señor* (Romanos 8:39).

+ *Por lo tanto, si alguno está en Cristo, es una nueva creación. ¡Lo viejo ha pasado, ha llegado ya lo nuevo!* (2 Corintios 5:17).

+ *Aunque nuestro corazón nos condene, Dios es más grande que nuestro corazón y lo sabe todo. Queridos hermanos, si el corazón no nos condena, tenemos confianza delante de Dios* (1 Juan 3:20-21).

6. LA CARNE: NO QUIERO HACERLO

Seamos sinceros: a veces no oramos porque no tenemos ganas de hacerlo. Hay otras cosas que parecen más divertidas o emocionantes en el momento, como revisar Instagram, reorganizar los muebles o prepararnos la cuarta taza de café. O sea, algunas veces nuestros deseos inmediatos luchan contra nuestras metas a largo plazo.

El apóstol Pablo escribió: *No entiendo lo que me pasa, pues no hago lo que quiero, sino lo que aborrezco* (Romanos 7:15). Este versículo me parece extrañamente reconfortante. Si Pablo no podía mantener sus deseos bajo control todo el tiempo, entonces tal vez mis batallas son más normales de lo que la voz de la vergüenza me quiere hacer pensar.

La Biblia utiliza la palabra *carne* para hacer referencia a los deseos egoístas y destructivos en nuestro interior que nos conducen a tomar decisiones necias. Es como ese diablo de los dibujos animados que, sentado en tu hombro, intenta convencerte para que hagas algo que después lamentarás.

El hecho de que nuestra carne y nuestro espíritu se pelean entre sí no significa que seamos personas malvadas o que los deseos que sentimos son malos. Muchos de ellos, como el deseo de obtener comida, placer, sexo, descanso, amigos, importancia, paz y seguridad, son una parte importante de ser humanos. Sin embargo, casi todos nos hemos dado cuenta de que lo que *queremos* hacer a menudo no es lo que *deberíamos* hacer.

Queremos quedarnos viendo una serie de Netflix hasta las dos de la mañana; pero sabemos que tenemos que estar en la escuela a las ocho, así que nos forzamos a acostarnos más temprano. *Queremos* dejar nuestro empleo y aprender a surfear; pero en lugar de eso trabajamos de lunes a viernes y dejamos el surf para el fin de semana. *Queremos* gritarles a nuestros vecinos porque su perro no deja de ladrar; pero en lugar de eso encendemos un ventilador y dormimos con auriculares y música.

Los deseos son como el apetito por la comida. Los apetitos se pueden cambiar y modificar. Si dejas de comer algo concreto, como leche o carne, podrás perder el apetito por ello después de un tiempo. Por el contrario, si a menudo comes algo que no te encanta, como ensalada o verduras, con el tiempo desarrollarás apetito por ello.

Lo mismo ocurre con los deseos que batallan en nuestra mente, nuestra voluntad y nuestras emociones. No solo podemos perder el apetito por tirar huevos a la casa del vecino, sino que podemos desarrollar el apetito por cosas como la oración, leer la Biblia, amar a las personas, ser generosos, sonreír más (¡por qué no!) y muchas otras. Mientras más ores, más querrás orar; y tu apetito por las cosas del espíritu crecerá.

7. MALA ORGANIZACIÓN: NO TENGO TIEMPO PARA HACERLO

Creo que uno de los obstáculos más grandes de la oración es la falta de organización. Lo que no agendamos, no lo hacemos.

James Clear escribió en su libro *Hábitos atómicos*: "No solemos subir al nivel de nuestras metas, sino bajar al nivel de nuestros sistemas".[11]

Hay muchas cosas que quiero hacer pero, si no las *planeo*, no ocurrirán nunca. Salir con mi esposa es una de ellas. A Julia y a mí nos encanta salir juntos, y las noches de cita nos hacen felices; sin embargo, si no nos sentamos a planificar y organizar en serio esas salidas nocturnas, nunca ocurrirán.

De manera similar, tenemos que planificar la oración. La planificación no le quita belleza o autenticidad a la oración, igual que agendar una cita no hace que sea menos romántica. De hecho, planificar con antelación hace que nuestra vida de oración (y nuestra vida amorosa) sea aún más especial; nos hace desear que lleguen

---

11. James Clear, *Atomic habits* (New York: Avery, 2018), p. 28.

esos momentos. No voy a decirte cuándo debes orar o por cuánto tiempo. Eso depende de ti.

Tus tiempos de oración cambiarán a lo largo de tu vida. Habrá temporadas en las que tendrás que meter con calzador los ratos de oración en los huecos de un horario lleno de actividades, y habrá otras en las que podrás tener conversaciones largas e ininterrumpidas con Dios. No pasa nada. No te frustres intentando alcanzar un ideal artificial, subjetiva y legalista de lo que debería ser tu vida de oración.

En caso de que seas curioso, te voy a mostrar cómo es mi horario de oración ahora mismo. Podría cambiar sin previo aviso, pero este sistema me funciona bastante bien.

1. Leo mi Biblia todas las mañanas; y después paso unos minutos (cinco o más) orando. Suelo escribir mis oraciones, pero eso es solo porque me gusta.

2. Hago oraciones rápidas a lo largo del día según sea necesario: por alguna necesidad, por una persona, por un problema o por nuevas fuerzas. Son oraciones relámpago que duran unos segundos y no suelen ser en voz alta.

3. Todas las noches oro con mis hijos cuando se van a la cama. Oro específicamente por ellos: lo que siento por ellos, lo que están pasando, y lo que les preocupa.

4. Tenemos una reunión semanal de oración en nuestra iglesia los sábados a las 6 de la tarde que suelo dirigir, o simplemente asisto.

5. Todos los domingos oro a lo largo de la mañana, y también oramos unos minutos por las reuniones con el equipo de voluntarios.

6. Durante nuestras reuniones de domingos, justo después de la adoración, oramos juntos como iglesia por las necesidades que tienen las personas.

Como puedes ver, al considerar esta lista, para mí la oración no se trata de cantidad. En su mayoría, no son ratos largos de orar, y tampoco cronometro mis oraciones; sin embargo, oro con frecuencia. *No estoy preocupado por nada porque oro por todo.* Ese no es solo el título de un libro, sino el modo en que vivo.

Simplemente comienza. Ora un poco, y después ora un poco más.

Recuerda que tengo un trabajo a tiempo completo, cuatro hijos y un par de *hobbies*, así que no es que me quede sentado todo el día sin hacer nada. Por otro lado, mi trabajo a tiempo completo incluye la oración, así que, en un sentido, me pagan por orar. Pero eso es parte de mi situación particular. Así que, por favor, *no* te compares conmigo. Tú no tienes mi vida, y yo no tengo la tuya. Yo no soy tu ejemplo de oración.

Jesús sí lo es.

Siempre podrás encontrar a alguien con una vida de oración "peor" que la tuya (ni siquiera sé qué significa eso), si acaso quieres sentirte superior, pero también podrás encontrar a alguien con una "mejor", si quieres sentirte desalentado. No tiene mucho sentido, ¿no? ¿Y si dejamos de mirar a los demás y en cambio oramos *como* y *cuando* podamos? ¿Y si desarrollamos una relación personal con Dios y dejamos que esa relación crezca y cambie de manera orgánica en lugar de intentar impresionar a alguien?

¡Yo necesito orar y tú también! Necesitamos orar más, no menos.

Simplemente comienza. Ora un poco, y después ora un poco más. No dejes que la ignorancia, la falta de experiencia, el aburrimiento, el desánimo, la vergüenza, la carne, la falta de organización, o una fila de adorables patitos obstaculice tus oraciones. Rodea los obstáculos y esquiva los patos.

Una vez que experimentes la paz y el poder de la oración, no dejarás de hacerlo nunca.

─────── ONCE ───────

Estas oraciones son una pérdida de tiempo

Julia y yo nos hemos mudado a una ciudad o una casa nueva varias veces durante nuestro matrimonio. Para ser sincero, eso es una verdadera prueba de nuestra fuerza tanto mental como matrimonial. Hay una cosa en particular que me asombra cada vez que nos mudamos: la cantidad de trastos que acumulamos.

No somos acaparadores; de hecho, somos todo lo contrario a eso. ¿Antiacaparadores? ¿Detractores del desorden? ¿Enemigos de los trastos? No sé como llamarlo.

Lo que quiero decir es que nos consideramos relativamente limpios, ordenados y eficientes, pero seguimos teniendo una cantidad impresionante de cosas inútiles metidas en los armarios, rincones y huecos porque "tal vez algún día lo necesitaremos".

Los calcetines sueltos, por ejemplo. Tenemos una colección completa de ellos. ¿Por qué seguimos guardándolos? ¿Realmente creemos que sus parejas van a venir a buscarlos? ¿Esperamos perder una pierna algún día? Lo más probable es que no suceda; por lo tanto, son calcetines inútiles.

De forma irónica, una de nuestras mayores causas de desorden son los recipientes de almacenaje. Sí, así es; las *soluciones* para el almacenaje realmente crean *problemas* de almacenaje en casa de los

Veach. A Julia le encantan las series de Netflix sobre organización y limpieza, así que a menudo se inspira y decide ordenar las cosas de una forma nueva y mejor. Por supuesto, eso significa comprar más cajas y recipientes. Las sagradas leyes del orden dicen que los recipientes deben ser iguales, así que compra varios cada vez; sin embargo, como los antiguos aún prometen ayudar a reducir el desorden en el futuro, no los tira, así que ahora tenemos unos cinco mil recipientes plásticos de diferentes tamaños, formas y colores. Un contenedor de almacenaje vacío es una maldición doble: ocupa mucho espacio pero no reduce el desorden; es tan inútil como un calcetín suelto, pero de tamaño mucho más grande.

Podría seguir, por supuesto, y hablar no solo de los trastos olvidados escondidos en los huecos de nuestra casa sino también sobre otras cosas inútiles en las que gastamos nuestro tiempo y dinero. A veces, miramos atrás y pensamos: *¿Por qué me desgasté tanto en esa actividad, esa creencia, esa ofensa, ese negocio, esa adicción, esa inversión o ese error?*

Nadie debería vivir atado al remordimiento, por lo que la única razón para mirar atrás es para mirar hacia adelante. Es decir, aprendemos del pasado para mejorar nuestro futuro. Eso también se aplica a la oración.

No todas las oraciones son buenas. Hay muchas maneras de orar que son tan inútiles como los calcetines y contenedores de almacenaje sueltos.

Tal vez has hecho algunas de estas oraciones. Yo las he hecho. Pero, si queremos ser eficaces en nuestras vidas de oración, debemos identificar las oraciones que están malgastando nuestro tiempo y el de Dios (¿acaso se puede malgastar el tiempo de un ser eterno? No tengo ni idea). Una vez que las identifiquemos, podemos sustituir las oraciones inútiles por oraciones significativas.

1. ORACIONES HIPÓCRITAS

La palabra *hipócrita* viene de la palabra griega para actor. En el pasado, también podía tener un significado negativo en referencia a alguien que interpretaba un papel para engañar a otros. El teólogo alemán Gerhard Kittel escribió: "El escenario es un mundo imaginario y los actores son impostores. Por eso *hypókrisis* implica 'pretensión' o 'pretexto'".[12]

Las oraciones hipócritas son para hacer un espectáculo. Son todo drama, actuación y fachada. Jesús habló acerca de los hipócritas muy claramente, como solo Él podía hacerlo:

> *Cuando oren, no sean como los hipócritas, porque a ellos les encanta orar de pie en las sinagogas y en las esquinas de las plazas para que la gente los vea. Les aseguro que ya han obtenido toda su recompensa. Pero tú, cuando te pongas a orar, entra en tu cuarto, cierra la puerta y ora a tu Padre, que está en lo secreto. Así tu Padre, que ve lo que se hace en secreto, te recompensará.* (Mateo 6:5-6)

Jesús parecía tener en mente a personas muy concretas cuando se dirigió a los "hipócritas". Tal vez, algunos de ellos estaban escuchándolo en ese momento; seguramente eran los líderes religiosos de la época que tendían a hacer de su espiritualidad un gran espectáculo.

Jesús dice que les encantaba orar "de pie en las sinagogas y en las esquinas de las plazas". Las sinagogas eran centros religiosos, y las

---

12. Kittel, Friedrich, y Bromiley, *Theological dictionary of the New Testament*, 1236.
2. Mary Oliver, *Thirst* (Boston: Beacon Press, 2006), p. 37.

esquinas de las plazas eran centros sociales y de negocios. En otras palabras, dondequiera que iban, demostraban cuán religiosos eran.

El problema no estaba en que los demás escucharan sus oraciones, porque podemos ver ejemplos de oraciones públicas y colectivas a lo largo de toda la Biblia. El problema estaba en que oraban específicamente "para que la gente los [viera]" (v. 5). Esa era su meta, y hacer un espectáculo era su objetivo.

Jesús dice que ellos ya habían obtenido la recompensa que querían: aplausos. Su reputación creció. Las personas los veían como súper espirituales, los padres los señalaban para mostrarles a sus hijos un ejemplo de santidad, y las personas "normales" se sentían intimidadas e incluso culpables cuando los escuchaban orar.

Los hipócritas querían alabanza, y la obtenían; sin embargo, eso era lo único que recibían.

Porque Dios ni siquiera les escuchaba.

No estaban hablando con Él, así que ¿por qué iba a importarle lo que dijeran? Oraban para que los demás les escucharan, lo cual ni siquiera es oración; eso es simplemente hablar al aire.

Cuando oramos, como en cualquier otra actividad, lo que más le importa a Dios es nuestro corazón. A Él no le impresionan las actuaciones espectaculares, las palabras refinadas, los ritos o los rituales. Dios ve nuestro interior y conoce nuestras motivaciones mejor que nosotros mismos.

Dios ama la oración que nace de una relación genuina, no del orgullo. La poetisa Mary Oliver escribió que la oración no es una competición, sino una puerta a la gratitud y al silencio.[13] Nos lleva

---

13. Mary Oliver, *Thirst* (Boston: Beacon Press, 2006), 37.

Cuando oramos, como en cualquier otra actividad, lo que más le importa a Dios es nuestro corazón.

a una conversación con un Dios que responde cuando nos acercamos a Él con humildad.

Esa es la recompensa que deberíamos buscar: la presencia de Dios, no la alabanza de la gente.

2. ORACIONES PARLOTEANTES

Después de acribillar a los hipócritas y sus oraciones de espectáculo, Jesús señaló otra manera equivocada de orar: los parloteos vacíos y repetitivos.

Cuando ores, no parlotees de manera interminable como hacen los gentiles. Piensan que sus oraciones recibirán respuesta solo por repetir las mismas palabras una y otra vez. No seas como ellos, porque tu Padre sabe exactamente lo que necesitas, incluso antes de que se lo pidas. (Mateo 6:7-8, NTV)

Me encanta la palabra *parlotear*. Es muy gráfica y describe muy bien a qué se refería Jesús al hablar de esto.

Se cree que la palabra griega que se usa aquí es una onomatopeya: *battalogeo*, que significa tartamudeo, parloteo o balbuceo.[14] Viene de una raíz que se asemeja a la palabra en español *balbuceo*, parecida a una onomatopeya que suena como a los sonidos que hacen los bebés.

Balbuceo. Babababababalbuceo. Son sílabas que se escriben juntas pero no tienen ningún sentido.

---

14. A. T. Robertson, *Word pictures in the New Testament*, Mat. 6:7 (Nashville, TN: Broadman Press, 1933).

Imagina a alguien balbuceando mucho tiempo después de que tú ya te has desconectado de la conversación. De eso está hablando Jesús en este pasaje: personas que hacen oraciones largas, llenas de florituras y palabras, pero sin contenido real. Sus oraciones son meras palabras y expresiones sin sentido para impresionar o manipular, no para comunicar.

Incluso a Dios le aburren esas oraciones.

Jesús dice que los gentiles oran de ese modo, pensando que *"recibirán respuesta solo por repetir las mismas palabras una y otra vez"* (v. 7). Se refería a las personas que no pertenecían a la religión judía, que en lugar de creer en un Dios que amaba a su pueblo y escuchaba sus oraciones, creían en un panteón de dioses a los que se podía convencer, manipular y hasta enfrentar entre ellos.

Sin embargo, a veces nosotros oramos del mismo modo. Creemos en un solo Dios; pero podemos caer en la trampa de pensar que podemos convencerlo o manipularlo para que haga lo que queremos. Creemos que, si usamos las palabras correctas, si lo pedimos muchas veces, o si pagamos el precio de orar mucho, Dios actuará a nuestro favor.

Como padre, sé exactamente cuándo mis hijos intentan hacer eso conmigo. Sé que no lo hacen con maldad en su corazón, y nosotros tampoco cuando oramos a Dios de ese modo, pero a mí no me sienta bien cuando mis hijos lo hacen. En primer lugar, porque no tienen que convencerme para que sea bueno con ellos; eso me sale de modo natural. Y, en segundo lugar, porque me parece ligeramente insultante que crean que pueden manipularme para que haga algo (o que sientan que tienen que hacerlo).

Pero, lo repito, a veces hacemos eso mismo con Dios cuando oramos. O lo intentamos de alguna forma. Creemos, seguramente de modo inconsciente, que podemos persuadir a Dios para que haga lo que queremos si estructuramos bien las frases o lo repetimos un número determinado de veces. Pero Él se da cuenta incluso más rápidamente que los padres.

No necesitamos usar muchas palabras cuando oramos. Eso es lo que aprendemos del Padre Nuestro, el cual Jesús les enseñó a sus discípulos en los versículos siguientes, después de hablar de las oraciones parloteantes. Les estaba demostrando que el contenido y la sinceridad es lo que importa, no el número de palabras.

3. ORACIONES LLENAS DE AMARGURA

En Mateo 6, Jesús enseñó acerca de las oraciones hipócritas y las oraciones parloteantes antes de darles el Padre Nuestro, que analizaremos en un capítulo posterior. Después de todo eso, dijo:

> *Porque, si perdonan a otros sus ofensas, también los perdonará a ustedes su Padre celestial. Pero, si no perdonan a otros sus ofensas, tampoco su Padre les perdonará a ustedes las suyas.*
>
> (Mateo 6:14-15)

Esas palabras son fuertes. Lo que está diciendo es que no deberíamos acudir a Dios en oración y pedirle que nos dé lo que nosotros no estamos dando a los demás: gracia, misericordia, compasión, empatía y perdón.

Jesús dice lo mismo en Mateo 18:21-35 con una parábola acerca de un siervo al que su señor le perdonó una deuda enorme, pero después fue con un compañero suyo e intentó que le devolviera por la fuerza una deuda pequeña.

El Padre Nuestro tiene una frase que dice: *Perdónanos nuestras deudas, como también nosotros hemos perdonado a nuestros deudores* (Mateo 6:12). El perdón es algo que damos y recibimos.

Si albergamos ofensa o amargura contra otra persona, Dios quiere que nos ocupemos de eso, no que hagamos como si todo estuviera bien. Un capítulo antes leímos esta enseñanza de Jesús:

> *Por lo tanto, si estás presentando tu ofrenda en el altar y allí recuerdas que tu hermano tiene algo contra ti, deja tu ofrenda allí delante del altar. Ve primero y reconcíliate con tu hermano; luego vuelve y presenta tu ofrenda.* (Mateo 5:23-24)

El perdón es un tema muy amplio, que se extiende más allá de esta sección, pero quiero enfatizar que el perdón *no* significa:

+ dejar de sentir dolor o pérdida

+ dejar de buscar justicia

+ no asegurarse de haberse alejado del peligro

+ volver a dar acceso a tu vida o control al agresor

+ que no hay consecuencias por lo que la otra persona hizo

Demasiadas veces, la frase "por favor perdóname, no volveré a hacerlo" se usa como táctica de control por parte de los abusadores crónicos. Piden perdón no porque se arrepientan, sino porque quieren evitar las consecuencias o continuar con su abuso.

Jesús no estaba hablando de eso de ningún modo cuando nos dijo que perdonemos. Estos capítulos no se refieren a la opresión o al abuso cometido por personas en posiciones de poder o autoridad, sino al perdón entre iguales (Mateo 5:23 dice que *"tu hermano"* tiene algo contra ti, por ejemplo).

Siempre hay lugar para denunciar el abuso, trazar límites y reclamar justicia. Esto es especialmente cierto cuando el abuso y la injusticia son algo sistémico: está incrustado en un sistema y tiende a hacer daño a las mismas personas una y otra vez.

Dios nos ayude a escuchar, en todas las áreas y esferas, las voces de aquellos que han sido heridos por sistemas que hemos construido o sociedades que nos benefician más a nosotros que a ellos. Estamos juntos en esto, y nos necesitamos los unos a los otros.

En un aspecto, esa mutualidad es lo que da sentido al perdón entre iguales. Todos somos hijos de Dios, lo cual nos hace hermanos y hermanas. Todos necesitamos perdón y reconciliación. Todos necesitamos soltar la amargura y la ofensa que bloquean tan fácilmente el fluir del amor genuino.

Como escribió Katherine Schwarzenegger en su libro *El regalo del perdón*: "El perdón entendido de la manera correcta es un regalo y, si se hace bien, puede obrar milagros".[15]

De nuevo, las dinámicas que tienen lugar en el abuso son un tema mucho más amplio, sobre todo si lo vivido ha generado traumas importantes. ¡Lo último que quiero hacer es amenazarte con fuego del cielo y azufre solo porque no eres capaz de "superarlo" más rápido! Y creo firmemente que Jesús piensa lo mismo. Estos pasajes no se refieren a que pases por las cosas de modo superficial, con desprecio, y dudando acerca de la realidad, sino que las enfrentes con honestidad y valentía.

Sin embargo, muchas veces nuestro dolor no se debe a un trauma profundo o abuso de larga duración, sino a los errores que alguien cometió, a la traición, a la falta de comunicación, expectativas que no han sido cumplidas o algún otro error humano.

Si nos convertimos en coleccionistas de ofensas, ocurrirán dos cosas. Primero, nuestro mundo se hará más pequeño cada vez porque seguiremos expulsando a las personas de él; y, segundo,

---

15. Katherine Schwarzenegger, *The gift of forgiveness* (New York: Penguin, 2020), p. 7.

nuestras oraciones se verán obstaculizadas porque nuestros corazones estarán demasiado llenos de dolor como para dar paso al amor.

Si no puedes orar porque estás enojado con alguien, ora por esa persona. Ora en medio de tu dolor. Ora hasta que comiences a ver claramente el modo de encontrar sanidad, aunque ese sea solo el siguiente paso en el proceso.

El perdón es principalmente para ti, e impide que otra persona o el pasado puedan controlarte; te ayuda a seguir avanzando.

La oración puede despertar recuerdos y sanar el trauma. No siempre es fácil ni rápido, pero orar en medio de tu dolor y en medio de las ofensas puede llevar una sanidad profunda a tu alma.

Si es necesario, habla con alguien (un pastor, alguien con formación en terapia o un mentor de confianza) que pueda acompañarte y darte consejos acerca de los pasos que debes tomar. La oración no es un sustituto de procesar el trauma o dar pasos concretos, pero es una ayuda de valor incalculable en tu caminar hacia la sanidad.

4. ORACIONES CONFORMISTAS

Recuerdo a un joven en nuestra iglesia que siempre estaba dispuesto a ser voluntario, a hacer recados o a recogerme en el aeropuerto. Apreciaba mucho su disposición para ayudar pero, con el tiempo, comencé a preguntarme cómo es que tenía tanto tiempo libre. La siguiente ocasión en que me llevó a algún lugar, le pregunté si tenía trabajo.

A veces oramos para no hacer.

"No", me respondió. "Pero estoy orando, y Dios me va a dar un trabajo de manera milagrosa". "¿Y cómo pagas las facturas?", le pregunté yo. "Bueno, ya sabes, vivo por fe. A veces las personas me envían dinero, y cosas así". Hablamos un poquito más y pude ver que era un tipo increíble con mucho que ofrecer, pero no tenía mucha iniciativa. Finalmente, le dije: "Amigo, no puedes seguir así. ¿Sabes cómo aparece un trabajo milagroso? Echas el currículum para diez trabajos. Dios te va a bendecir; pero tú también tienes que hacer tu parte".

Y eso es exactamente lo que hizo. Ser voluntario en la iglesia es estupendo; pero prefiero ver a este joven desarrollando su potencial dado por Dios que evitándolo.

Cuando se trata de la oración, a veces *oramos* para no *hacer*. Como ese joven, tenemos mucho que ofrecer; sin embargo, por una razón u otra (tal vez pereza, tal vez miedo, o alguna idea equivocada de la soberanía) nos quedamos quietos esperando a que Dios dé el primer paso.

¿Y si Dios está esperando a que tú des el primer paso? Si vas a orar, tienes que estar dispuesto a trabajar. No ores desde el conformismo sino desde la expectativa. Ora con una mentalidad de iniciativa, creatividad y seguridad en ti mismo; haz tu parte para que Dios pueda hacer la suya.

Cuando se trata del personal que trabaja conmigo, casi siempre prefiero gente que *haga* en lugar de gente que *espere*. Prefiero tener que decirle a alguien que baje el ritmo que decirle a otro que acelere, y prefiero trabajar con alguien que tiene malas ideas que con alguien que no tiene ideas.

Creo que Dios también es así con nosotros. Sí, oramos por todo, pero eso no significa que nos tumbamos y dormimos una siesta hasta que Él nos lance un rayo para que nos movamos. A menos que nos diga lo contrario, tenemos que avanzar confiando en el llamado de Dios y los dones que ha puesto en nosotros, y buscando su dirección a medida que avanzamos.

Si quieres que Dios dirija tus pasos, comienza a caminar. Él no puede guiarte si no te estás moviendo.

5. ORACIONES NARCISISTAS

El apóstol Santiago, que hablaba siempre en términos prácticos, dijo lo siguiente acerca de la oración:

> *¿De dónde surgen las guerras y los conflictos entre ustedes? ¿No es precisamente de las pasiones que luchan dentro de ustedes mismos? Desean algo y no lo consiguen. Matan y sienten envidia, y no pueden obtener lo que quieren. Riñen y se hacen la guerra. No tienen, porque no piden. Y, cuando piden, no reciben porque piden con malas intenciones, para satisfacer sus propias pasiones.* (4:1-3)

Santiago no está criticando lo que ellos estaban pidiendo, sino *por qué* lo estaban pidiendo: para satisfacer sus pasiones. Básicamente les está llamando egoístas, y quiere que sepan que Dios no responde a las oraciones egoístas. Lo primero que menciona Santiago es que había muchas peleas entre ellos, y después conecta eso con sus oraciones no contestadas haciendo énfasis en la raíz de ambas cosas: lo único que les importaba era tener, quitar, agarrar y acumular. Era narcisismo en toda regla.

También nos está hablando a nosotros, por supuesto. Si nuestro enfoque cuando se trata de la comunión o la oración es hacia nosotros mismos, no hemos entendido nada; con el tiempo, meteremos la pata en ambas cosas. No vivimos en una burbuja y tampoco deberíamos orar en una burbuja. No somos islas solitarias. Estamos en esto juntos, como vimos cuando hablamos acerca del perdón, así que nuestras oraciones no pueden estar motivadas por un enfoque egoísta y narcisista.

Somos muy importantes a los ojos de Dios, pero eso no significa que el universo gire alrededor de nosotros.

Sí, Dios quiere bendecirnos, pero no quiere que estemos aislados. Nuestras oraciones, por lo tanto, deberían surgir de un contexto de comunidad. Eso significa que no debemos orar solo por nosotros mismos sino también por los demás. Debemos entender que las bendiciones que Dios nos da son para compartirlas con otros, y que tenemos que orar con humildad, amor y sabiduría no buscando solo satisfacer nuestros propios intereses sino también los intereses de los demás (ver Filipenses 2:4). Esto también implica orar para que se haga la voluntad de Dios antes que la nuestra.

La oración es relacional, no transaccional. No se trata de que invirtamos nuestro tiempo devocional esperando obtener a cambio respuestas como si la oración fuera una especie de pago por la generosidad de Dios. Si reducimos la oración a una lista compras, es que no hemos entendido nada. El propósito de la oración no es obtener respuestas rápidas y seguir con nuestra vida, sino fortalecer y desarrollar nuestra relación y conexión con Dios.

Tal vez esa es la razón por la que la primera frase del Padre Nuestro es pedir que se haga la voluntad de Dios. Jesús fue ejemplo de esto cuando estaba en el jardín de Getsemaní y pidió que Dios le quitara "esta copa", que se refería al sufrimiento que sabía que le esperaba, y luego añadió: *Sin embargo, quiero que se haga tu voluntad, no la mía* (Lucas 22:42, NTV).

Así es como deberíamos orar. "Dios, me encantaría tener esta casa o ese empleo, de verdad que sí, y te pido con fe que me lo des. Pero, más que satisfacer mis deseos, quiero que se haga tu voluntad".

Las oraciones más efectivas son aquellas que se alinean con la voluntad de Dios y su Palabra. Las menos efectivas son las que se alinean con nuestros deseos y nuestra voluntad. La oración nos mantiene conectados con la voluntad de Dios y con las necesidades de las personas que nos rodean. También nos mantiene anclados y nos impide aislarnos.

6. ORACIONES BÚMERAN

Las oraciones búmeran son las que le lanzas a Dios, pero luego vuelves a agarrar.

En otras palabras, pones *"todas [tus] preocupaciones y ansiedades en las manos de Dios, porque él cuida de [ti]"* (1 Pedro 5:7, NTV), pero no dejas tus preocupaciones y ansiedades ahí con Él sino que vuelves a agarrarlas. Las llevas contigo a todas partes, duermes con ellas en la noche, te despiertas con ellas en la mañana, y te las llevas a la escuela o al trabajo durante el día.

La oración solo reducirá tus niveles de estrés si eres capaz de entregarle a Dios las cosas por las que estás ansioso. Tienes que aprender a confiar en Él, a depender y esperar en Él.

Tal vez sea un poco exagerado decir que esas oraciones son una pérdida de tiempo porque Dios es bueno y lleno de gracia, y nos ayuda incluso cuando creemos que nosotros somos los que llevamos la carga. Pero, cuando hacemos oraciones búmeran, nos perdemos algunos de los beneficios más importantes de la oración, en particular la paz y el cambio de perspectiva que debería producir.

Hay momentos para pensar en los problemas y trabajar para solucionarlos, pero también hay momentos para reconocer que solo Dios puede tomar el control. Estoy seguro de que habrás leído la oración de la serenidad, una oración breve que se ha usado ampliamente en programas de recuperación (e impresa en separadores de libros e imanes) por décadas:

Señor, concédeme serenidad para aceptar todo aquello que no puedo cambiar,

valor para cambiar lo que soy capaz de cambiar, y sabiduría para entender la diferencia.

La oración solo reducirá tus niveles de estrés si eres capaz de entregarle a Dios las cosas por las que estás ansioso.

(Nota al margen: esta oración se atribuye normalmente al teólogo Reinhold Niebuhr, aunque por años existió un debate intenso y público entre la hija de Niebuhr, Elisabeth Sifton, y un investigador de la Facultad de Derecho de Yale llamado Fred Shapiro acerca de quién la había escrito.[16] Creo que es irónico teniendo en cuenta que la oración es sobre la serenidad; pero lo importante es que es una oración estupenda).

Entregarle a Dios nuestras preocupaciones implica saber cuándo soltar, cuándo confiar en que el asunto está en las manos de Dios, y que hemos hecho todo lo posible. Puedes trabajar y confiar al mismo tiempo, por supuesto. Pero no puedes *preocuparte* y confiar al mismo tiempo. A menudo, sabemos que debemos seguir trabajando para encontrar una solución o hacer lo que podamos para progresar, pero no tenemos por qué angustiarnos por el proceso como si estuviéramos solos.

---

16. Fred R. Shapiro, "Who wrote the serenity prayer?", *The chronicle of higher education*, 28 de abril de 2014, www.chronicle.com/article/who-wrote-the-serenity-prayer.

La oración nos permite entregarle nuestras preocupaciones a Dios a la vez que discernimos el papel que seguimos desempeñando. Cuando oramos, encontramos paz así como valentía renovada y sabiduría para seguir. Echa tus preocupaciones sobre el Señor y déjalas ahí; están a salvo con Él.

7. ORACIONES DE OPRESORES

Es muy probable que te hayas dado cuenta de que todo esto de las "oraciones inútiles" no se refiere tanto al contenido de la oración sino más bien a por qué oramos y quiénes somos cuando nadie mira. Esta última no es diferente.

Dios no escuchará nuestras oraciones si estamos oprimiendo a aquellos sobre quienes tenemos autoridad, si abusamos de ellos, o si hacemos daño a personas a las que deberíamos cuidar. Escucha lo que Dios le dijo a Israel a través del profeta Isaías:

> *Cuando levantan sus manos, yo aparto de ustedes mis ojos; aunque multipliquen sus oraciones, no las escucharé, pues tienen las manos llenas de sangre. ¡Lávense, límpiense!¡Aparten de mi vista sus obras malvadas! ¡Dejen de hacer el mal!¡Aprendan a hacer el bien!¡Busquen la justicia y reprendan al opresor! ¡Aboguen por el huérfano y defiendan a la viuda!* (Isaías 1:15-17)

Dios se toma muy en serio el modo en que tratamos a las personas que nos rodean, sobre todo a aquellos que tienen menos autoridad o voz que nosotros. Los huérfanos y las viudas representaban grupos de personas que estaban básicamente indefensos en aquella época, que era mayoritariamente agrícola y muy patriarcal. Isaías le estaba recordando al pueblo que acercarse a Dios con oraciones elocuentes no significaba nada si sus manos estaban "llenas de sangre". Es decir, si durante la semana estaban maltratando a otros (como, por ejemplo, a sus empleados o a los pobres), no podían después presentarse en el templo y levantar sus manos en oración.

Pedro les dice algo similar a los esposos en el Nuevo Testamento:

> *De la misma manera, ustedes maridos, tienen que honrar a sus esposas. Cada uno viva con su esposa y trátela con entendimiento. Ella podrá ser más débil, pero participa por igual del regalo de la nueva vida que Dios les ha dado. Trátenla como es debido, para que nada estorbe las oraciones de ustedes.*
>
> (1 Pedro 3:7, NTV)

Las oraciones de un esposo serán "estorbadas" si no trata a su esposa con respeto, como compañera y coheredera de los dones de Dios. Por desgracia, este versículo se ha utilizado a menudo para menospreciar a las mujeres, enfocándose en la expresión *más débil*. En realidad, el mensaje de este pasaje es acerca de la *igualdad* entre hombres y mujeres, y no acerca de su jerarquía. En una sociedad grecorromana que trataba con inferioridad a las mujeres, esto era polémico, sin duda.

Yo estoy casado con una mujer fuerte a la que considero mi igual. De débil no tiene nada; ni ella ni cualquiera de las mujeres que conozco. Superemos de una vez la idea anticuada de un "sexo débil" que está basada, en parte, en una lectura incorrecta de este texto.

Lo que Pedro quiere decir no es que las mujeres son por naturaleza más débiles, sino que un esposo debe utilizar su autoridad y privilegio para *servir*, no para su propio beneficio; para *liberar* y no para dominar. Creo que no es una referencia a las diferencias innatas de género, sino a los estereotipos y normas culturales que hacían que fuera prácticamente imposible que las mujeres tuvieran independencia. Eso no era culpa de ellos sino de la sociedad. La cultura estaba sesgada en detrimento de las mujeres. La cultura les había dado a los hombres poder y autoridad, y Pedro les estaba diciendo que dejaran de abusar de ese privilegio y vieran a sus esposas (y, por extensión, a las mujeres en general) como iguales. Porque Dios mismo estaba observando.

Muchas cosas han cambiado desde los tiempos de Pedro; sin embargo, al mismo tiempo han cambiado muy pocas. Aunque las mujeres tienen muchas más oportunidades de las que tenían hace dos mil años atrás, todavía enfrentan un sinfín de retos por los que los hombres no tienen ni que preocuparse. No hemos llegado donde deberíamos estar como sociedad, y eso incluye a la iglesia. Dios les ha encomendado a los hombres (en el hogar, en la iglesia y en la sociedad) la solemne tarea de tratar a las mujeres de su vida como iguales en todos los sentidos.

Y el mismo concepto se aplica a todas las demás comunidades marginadas que nos rodean.

Como cristianos tenemos la obligación de vivir como Jesús vivió. Él buscaba y servía a los pobres, a los leprosos, a los pecadores, a los ladrones, a las viudas, a las mujeres, a los samaritanos, a los recaudadores de impuestos, y a los despreciados de la sociedad. Él sirvió a los ricos, a los religiosos y a los gobernantes también, pero no mostró preferencia por ellos; de hecho, les hacía acogerse a un estándar más alto por el poder que tenían.

Jesús no rechazó a nadie; en cambio, pidió a todos por igual que amaran a Dios sobre todas las cosas y a su prójimo como a sí mismos. ¿Qué significa eso para nosotros hoy día? Que Dios no escucha nuestras oraciones los domingos si de lunes a sábado estamos dañando a las personas que Él ama. Él no nos escuchará si estamos utilizando nuestra posición o nuestra autoridad para quitar en vez de dar. Si ese es el caso, su oído estará abierto al clamor de *ellos*, no al nuestro. Podríamos hasta convertirnos en enemigos de Dios si estamos dañando a aquellos que tienen menos poder o voz que nosotros.

Eso incluye a las minorías étnicas, a los extranjeros, a las comunidades marginadas, a las personas con menor privilegio económico o educativo, los empleados, aquellos que batallan con adicciones o enfermedades mentales, personas de la comunidad LGBTQ+, prisioneros y exconvictos, aquellos cuyos cuerpos no encajan en el "ideal", aquellos que no tienen hogar, inmigrantes, adultos mayores, personas con discapacidad… y la lista sigue indefinidamente.

No importa si estamos de acuerdo o no con su estilo de vida o con su teología; se nos llama y se nos ordena amar, servir, proteger y cuidar a quienes nos rodean. Todos somos parte de la familia de Dios; Él nos ama a todos por igual y nos pide que hagamos lo mismo.

El amor condicional no es amor. Y las oraciones con manos manchadas de sangre no son oraciones.

———————

Los siete tipos de oraciones inútiles que hemos visto, incluyen las

+ oraciones hipócritas;

+ oraciones parloteantes;

+ oraciones llenas de amargura;

+ oraciones conformistas;

+ oraciones narcisistas;

+ oraciones búmeran;

+ y oraciones de opresores

apuntan todas hacia lo mismo: a Dios le importa más quiénes somos que lo que decimos. Él se lamentaba acerca de Israel de este modo: *Este pueblo me alaba con la boca y me honra con los labios, pero su corazón está lejos de mí* (Isaías 29:13).

Dios es un Dios generoso y lleno de gracia que nos escucha cuando oramos. Te puedo asegurar que Dios quiere escucharnos. No tenemos que acercarnos a Él con temor o culpa, pero sí tenemos que tomarnos en serio las motivaciones y los comportamientos que acompañan a nuestras oraciones. Estamos hablado con Dios, al fin y al cabo, y Él es santo, poderoso y perfecto.

El rey Salomón nos recuerda:

> *Cuando vayas a la casa de Dios, cuida tus pasos y acércate a escuchar en vez de ofrecer sacrificio de necios, que ni conciencia tienen de que hacen mal. No te apresures, ni con la boca ni con la mente, a proferir ante Dios palabra alguna; él está en el cielo y tú estás en la tierra. Mide, pues, tus palabras.*
>
> (Eclesiastés 5:1-2)

En otras palabras, debemos ser humildes y enseñables cuando entramos a la presencia de Dios. Tal vez Él quiere tratar algo que está bajo la superficie y no nos dimos cuenta de que necesitaba un ajuste. Y eso es bueno. La corrección de Dios siempre nos beneficia.

Es probable que todos podamos admitir que hubo veces en las que nuestras oraciones encajaron en alguna de las categorías anteriores, pero no nos quedemos en eso. Permitamos que Dios examine nuestros corazones, eduque nuestras mentes, corrija nuestros pasos y empodere nuestra vida de oración.

Puedes deshacerte de las oraciones inútiles ahora mismo. Y no sé quién necesita escuchar esto que voy a decir, pero también puedes tirar esa bolsa de calcetines sueltos.

DOCE

El ciclo de la oración

Cuando yo era niño, no podíamos permitirnos un reproductor de cintas de video. Si no creciste en los años ochenta, no puedes comprender el impacto emocional de esa afirmación. Hoy en día puedes ver un episodio de tu serie favorita en tu reloj mientras estás en el baño, pero en esa época las opciones eran mucho más limitadas, y un reproductor de cintas de video era la puerta a la felicidad infantil. Podías grabar cosas para verlas más tarde, ver las mismas películas una y otra vez, o rentar películas para ver con tu amigos; era el paraíso de la tecnología.

Un día, en una feria de pueblo había una rifa y el premio era un reproductor de cintas de video. Le rogué a mi mamá que me comprara una papeleta porque yo sabía que era la única oportunidad que tendría para tener uno. Siendo sinceros, la probabilidad de que me comprara una papeleta también era muy baja, pero tenía que intentarlo.

No sé si fue porque ella secretamente también quería un reproductor de cintas de video o porque no pudo resistirse a mis ruegos, pero me compró una papeleta. Faltaban algunos días para el sorteo, así que todas las mañanas en el desayuno ella sacaba la papeleta y le pedíamos a Dios un reproductor de cintas de video. Mi mamá utilizó esa oportunidad para enseñarme a orar y a tener fe. Citaba versículos acerca de la oración y me animaba a confiar en Dios.

Nunca olvidaré la tarde en la que sonó nuestro teléfono. Yo esperé ansioso mientras mi mamá contestaba. Cuando ella comenzó a gritar de alegría, supe que habíamos ganado la rifa.

Orar durante unos días por un reproductor de cintas de video puede parecer poco tiempo de espera y un motivo de oración insignificante, pero para un niño lo era todo. Esa experiencia me marcó, y me llevó a creer a Dios y pedirle cosas locas en oración. También me enseñó el valor de *perseverar* en la oración. No solo orar una vez, sino persistir sin rendirse e insistir una y otra vez.

Mi mamá no me prometió que Dios nos daría el reproductor de cintas de video, pero sí me prometió que a Dios le importaban mis peticiones, que Él escuchaba mis oraciones y que responde a la oración. Ella me enseñó a seguir orando y creyendo; y, cuando llegó la respuesta, apuntó a Dios para señalar que Él responde a nuestras oraciones.

Nunca olvidaré su lección.

NO TE RINDAS NUNCA

Perseverar en la oración siempre ha sido un reto para los seres humanos, y los discípulos de Jesús no eran la excepción. Por eso, Jesús decidió enseñarles a orar en fe incluso cuando no vieran una respuesta inmediata. Esta es la historia tal como se relata en Lucas 18:1-8:

> *Jesús les contó a sus discípulos una parábola para mostrarles que debían orar siempre, sin desanimarse. Les dijo: «Había en cierto pueblo un juez que no tenía temor de Dios ni consideración de nadie. En el mismo pueblo había una viuda que insistía en pedirle: "Hágame usted justicia contra mi adversario". Durante algún tiempo él se negó, pero por fin concluyó:*

"Aunque no temo a Dios ni tengo consideración de nadie, como esta viuda no deja de molestarme, voy a tener que hacerle justicia, no sea que con sus visitas me haga la vida imposible"». Continuó el Señor: «Tengan en cuenta lo que dijo el juez injusto. ¿Acaso Dios no hará justicia a sus escogidos, que claman a él día y noche? ¿Se tardará mucho en responderles? Les digo que sí les hará justicia, y sin demora. No obstante, cuando venga el Hijo del hombre, ¿encontrará fe en la tierra?».

Para resumir la parábola: una viuda vulnerable y desesperada por obtener justicia no dejó de molestar a un juez egoísta hasta que finalmente él hizo su trabajo, y se hizo justicia.

Me encantan muchas cosas de esta historia. En primer lugar, observemos que Jesús realmente *quería* que oraran y no se rindieran. Él sabía cuán fácil era desanimarse o cansarse, así que les enseñó acerca de este tema específicamente.

A Dios no le molesta que oremos frecuentemente y con fervor; le encanta y responde a ello.

En segundo lugar, me encanta que esa mujer era una de las personas más vulnerables en la sociedad de la época: una viuda. Ella no recibió justicia porque tenía influencia, hizo chantaje, tenía dinero para sobornar al juez, o porque el suyo era más importante que los demás casos que el juez tenía en su lista. Obtuvo justicia porque la pidió repetidamente, con firmeza y seguridad.

De la misma manera, Dios no responde a nuestras oraciones basándose en nuestros méritos, ni tiene favoritos. Él escucha nuestras oraciones, y son las oraciones las que mueven su corazón y sus manos.

En tercer lugar, es fascinante que el juez es un insoportable. Jesús lo describe intencionalmente como el peor juez: no obedece a Dios, no le importan las personas, y es injusto. Es la clase de juez que solo habría respondido a los sobornos o a las amenazas, no a las súplicas.

Obviamente, Dios no es así, y eso es lo importante de la historia. Jesús está diciendo que, si el peor juez posible hizo justicia con la persona de menos poder e influencia simplemente porque *pidió sin cesar*, ¿cuánto más no hará un Dios *bueno* con sus *hijos*?

En otras palabras, ¡tenemos mucho que ganar cuando oramos! Dios no está contra nosotros, ni es frío y sin sentimientos. Tampoco está esperando un soborno. Para Él no somos casos sin nombre que esperan en un tribunal, ni una molestia, ni un impedimento, ni una distracción. Somos los receptores de su infinita bondad.

> **A Dios no le molesta que oremos frecuentemente y con fervor; le encanta y responde a ello.**

¿Por qué *no* perseverar en la oración?

Cuando Jesús terminó su historia, me imagino que los discípulos seguramente se rieron de la insistencia de la viuda y la exasperación del juez. Probablemente recordarían por mucho tiempo la ironía de que un poderoso juez fuera confrontado por la persistencia de una pequeña viuda.

Lo importante de esta historia no es solo que hay poder en la persistencia, sino también que *Dios está predispuesto a ayudarnos*. El significado de la parábola se encuentra en el contraste entre este juez injusto y nuestro Dios bondadoso. No tenemos que atosigar a Dios para que nos ayude, porque Él ya quiere hacerlo.

Nuestras oraciones no le molestan en lo más mínimo; son una expresión de fe. Son peticiones que vienen del corazón que Él se deleita en cumplir.

Jesús está diciendo que, cuando ores, no supongas que Dios no va a responder; supón que sí lo hará.

Así que ¡pide! Ora con atrevimiento durante el tiempo que sea necesario, porque Dios podría estar ahora mismo a punto de responder a esa oración. Nunca sabes cuándo podría suceder o cómo será, así que sería una tragedia haberte rendido demasiado pronto.

Puede que estés pensando: *Pero dijiste que Dios no va a escucharnos solo porque usemos muchas palabras, y ahora dices que deberíamos seguir orando durante el tiempo que sea necesario. ¡Eso es contradictorio!*

Hay una gran diferencia entre intentar que Dios te escuche por usar "las mismas palabras una y otra vez", como dijo Jesús, y orar con perseverancia. Lo primero trata a Dios como una máquina expendedora: si introduces un número determinado de monedas de oración, te cae una respuesta del cielo. Es un enfoque transaccional que visualiza la oración como un precio o una deuda que tenemos que satisfacer antes de poder obtener lo que queremos. Pero, como vimos antes, la oración es relacional y no transaccional. No oramos hasta saldar algún tipo de deuda o ganar nuestra respuesta. Oramos porque sabemos que Dios nos ama y nos escucha.

Veamos cómo conectó Jesús las respuestas a la oración con la bondad de Dios, no con nuestros esfuerzos, en Mateo 7:7-11:

> *Pidan, y se les dará; busquen, y encontrarán; llamen, y se les abrirá. Porque todo el que pide, recibe; el que busca, encuentra; y al que llama, se le abre. ¿Quién de ustedes, si su hijo le pide pan, le da una piedra? ¿O si le pide un pescado, le da una serpiente? Pues si ustedes, aun siendo malos, saben dar cosas buenas a sus hijos, ¡cuánto más su Padre que está en el cielo dará cosas buenas a los que le pidan!*

La diferencia entre el parloteo incesante y la oración perseverante es, como en casi todos los ámbitos de la oración, la actitud de nuestro corazón. El primero intenta manipular a Dios para que haga lo que queremos al poner una frase elocuente sobre otra como si estuviéramos jugando al Jenga espiritual. La segunda descansa pacientemente en que Dios hará lo que es correcto y mejor, y confía en su carácter y sin preocupación por la demora.

Muchos de nosotros conocemos el nombre del icónico fundador y CEO de Apple: Steve Jobs. Su socio, Steve Wozniak, también es muy conocido. Ambos ganaron miles de millones de dólares a raíz del éxito de Apple.

Sin embargo, hubo un tercer fundador que casi siempre es dejado en el olvido. Cuando Apple fue constituida el 2 de abril de 1976, un ingeniero llamado Ron Wayne era dueño de un diez por ciento de las acciones de la compañía. Tan solo doce días después, debido en parte a que se sentía superado por los dos Steve, Ron vendió sus acciones por ochocientos dólares. Hoy en día, esas acciones valdrían miles de millones.

Ahora, a los ochenta años, Ron tiene un enfoque filosófico acerca de esa decisión. No se lamenta por el hecho de haber podido ser millonario. Sabe por qué tomó esas decisiones en ese momento y no quiere perder tiempo con el remordimiento.[17]

No puedo criticar al pobre Ron, por supuesto. A fin de cuentas, el dinero no da la felicidad, como todos sabemos. Pero no puedo evitar preguntarme: ¿y si él hubiera encontrado el modo de mantenerse en el negocio? ¿Y si hubiera confiado en las habilidades de sus

---

17. Luke Dormehl, "The oddly uplifting story of the Apple co-founder who sold his stake for $800", *Cult of Mac*, 3 de diciembre de 2014, www.cultofmac.com/304686/ron-wayne-apple-co-founder.

socios en lugar de sentirse intimidado por ellas? ¿Y si no se hubiera dado por vencido después de doce días?

La historia de la humanidad está llena de muchos casi millonarios, casi famosos y casi campeones. *A posteriori* todo se ve diferente, así que no los juzgo, pero eso no hace que sus decisiones sean menos dolorosas.

Al mismo tiempo, me pregunto cuántas veces yo me he rendido con demasiada facilidad y rapidez en mis oraciones. ¿Habrá ocasiones en las que no he estado dispuesto a confiar en Dios, mi socio principal, para que me sostuviera en medio de todo? ¿He dejado de creer demasiado pronto?

Seguro que sí, y tal vez tú también lo hiciste. Por eso, las palabras de Jesús son para nosotros hoy.

Ora siempre.

Nunca te rindas.

Clama día y noche.

Que Jesús encuentre fe en tu corazón en lugar de duda.

PIDE, OBSERVA, ESPERA, REPITE

El profeta Elías, del Antiguo Testamento, tiene mucho que enseñarnos acerca de la oración persistente. Santiago utilizó su vida para demostrar el poder que hay en las oraciones de los humanos:

> Por eso, confiésense unos a otros sus pecados, y oren unos por otros, para que sean sanados. La oración del justo es poderosa y eficaz. Elías era un hombre con debilidades como las nuestras. Con fervor oró que no lloviera, y no llovió sobre la tierra

durante tres años y medio. Volvió a orar, y el cielo dio su lluvia
y la tierra produjo sus frutos.   (Santiago 5:16-18)

Elías era un profeta que fue enviado a Israel cuando la nación no estaba en su mejor momento. Un liderazgo malvado y opresor había alejado a la nación de Dios y de la justicia. Para que el pueblo despertara y regresara a Dios, Elías pidió que dejara de llover en Israel; desde ese día, no llovió.

Tres años después, Dios le habló a Elías y le dijo que era momento de que la sequía terminara. Él iba a hacer que lloviera sobre la tierra. Pero primero, Elías debía confrontar a la nación acerca de su idolatría y pedirle que se arrepintiera.

Lo que sigue es el enfrentamiento más épico que te puedas imaginar entre Elías y la falsa religión que rendía culto a Baal y que había cautivado a Israel. En resumen, Elías retó a los profetas de Baal a un duelo divino, pero el dios de ellos no hizo nada, por supuesto. Fue entonces cuando Dios hizo caer fuego del cielo e Israel se dio cuenta de que tenían que prepararse.

Aún no había llovido, pero Elías sabía lo que Dios había prometido. Aquí es donde la historia se pone verdaderamente interesante.

No había ni una sola nube en el cielo y no había llovido en tres años, pero Elías le dijo al rey Acab: *Anda a tu casa, y come y bebe, porque ya se oye el ruido de un torrentoso aguacero* (1 Reyes 18:41). Seguramente, Acab levantó las cejas al oír esa afirmación porque era una locura, pero acababa de ver a Elías pedir fuego del cielo, así que no se iba a poner a discutir.

La historia continúa cuando Elías *"subió a la cumbre del Carmelo, se inclinó hasta el suelo y puso el rostro entre las rodillas"* (v. 42). Sé que eso parece una posición de yoga, pero era una postura de oración.

A mí nunca me verás usándola porque tengo ya cuarenta años y no soy tan flexible como antes, pero Elías era un hombre lleno de sorpresas y, por lo visto, estaba muy en forma.

Me fascina que la respuesta de Elías a la promesa de Dios fue orar. Él sabía que Dios estaba en control, pero también sabía que él jugaba un papel importante en el proceso. No era un papel increíblemente grande, porque era humano como tú y como yo y, por lo tanto, no podía controlar los patrones climatológicos; sin embargo, era un papel importante. Así que oró. Y no ocurrió nada. No llovió, ni sopló el viento, ni aparecieron nubes.

Elías envió a su sirviente a mirar hacia el Mar Mediterráneo que relucía en la distancia. Esperaba ver una tormenta en el horizonte, pero el sirviente le dijo: *No se ve nada* (v. 43). Elías no se desalentó, y repitió eso mismo siete veces. *Siete.* Puedo imaginarme lo que estaba pensando el sirviente mientras su señor oraba como loco con la cabeza entre las rodillas, e insistía en que en cualquier momento iba a empezar a llover.

La séptima vez el sirviente vio algo, y regresó corriendo. *Desde el mar viene subiendo una nube. Es tan pequeña como una mano* (v. 44). Me imagino al sirviente estirando el brazo con la mano en forma de puño y midiendo con ella el ancho de la nube. Inténtalo tú mismo. Ahora, imagínate a ti mismo en una cumbre seca de un monte mirando a una pequeña bola blanca del tamaño de tu puño que está comenzando a formarse en el cielo despejado y caluroso.

El tamaño exacto habría dependido de la distancia, pero da igual, seguía siendo bastante decepcionante.

Es casi como si pudiéramos escuchar el tono de desprecio en las palabras del sirviente: "Eh, sí, señor, hay una nube por allí. Es pequeña e insignificante; no es algo por lo que emocionarse.

Seguramente se aleje volando con el viento. Al fin y al cabo, no ha llovido durante tres años".

Pero Elías ya estaba de pie, celebrando el triunfo. Le dijo al sirviente que le advirtiera al rey, diciendo: *Engancha el carro y vete antes de que la lluvia te detenga* (v. 44).

La historia continúa: *Las nubes fueron oscureciendo el cielo; luego se levantó el viento y se desató una fuerte lluvia. Y Acab se fue en su carro hacia Jezrel. Entonces el poder del Señor vino sobre Elías, quien se ajustó el manto con el cinturón, se echó a correr y llegó a Jezrel antes que Acab* (v. 45-46).

¿Ves? Te dije que estaba en forma.

Lo importante de este pasaje no es la flexibilidad de Elías o su destreza atlética, sino su persistencia en la oración. Eso es lo que Santiago destacó cientos de años después, y es lo que sigue enseñándonos en la actualidad.

Fíjate en el ciclo de oración que siguió Elías:

Le pidió a Dios que lloviera.

Observó para ver si había respuesta.

Esperó en Dios.

Y después oró de nuevo.

Pide, observa, espera, repite. Ese es el ciclo de la oración.

Observemos también lo que Elías no hizo: no se rindió. Oró con fervor, continuamente y con fe hasta que vio la respuesta.

Recuerda que era algo que Dios había prometido. Elías podría haber dicho: "Si es la voluntad de Dios, Él lo hará sin mi ayuda; no me necesita". También podría haberse quejado diciendo: "Oré, pero Dios no cumplió su parte del trato". Podría haber llegado a la siguiente conclusión: "Tal vez no escuché bien lo que Dios dijo". Pero Elías no hizo ninguna de esas cosas. Simplemente siguió orando.

Esta es exactamente la clase de oración persistente que enseñó Jesús. Cuando nos acercamos a Dios en oración, no deberíamos desanimarnos fácilmente. No podemos suponer que la respuesta es "no" solo porque no hemos obtenido una respuesta rápida.

Aprendamos de los niños pequeños. Ellos no tienen problema en pedir lo mismo una y otra vez, eternamente. Créeme, hablo desde la experiencia.

Pídeselo de nuevo a Dios. Y otra vez. Y otra vez. Pide con fe, confiando en que Él se interesa por ti y está predispuesto a ayudarte. ¿Qué tienes que perder?

Algunas veces escucharás un "no" muy claro, y otras simplemente sabrás en tu corazón que no necesitas orar más. Otras veces te darás cuenta de que tienes que cambiar o redirigir un poco tus oraciones porque no son correctas, y tal vez encajan en alguna de las categorías que hemos visto en el último capítulo. Pero si ninguna de esas cosas es cierta, ¡sigue orando! Ora hasta que Dios te muestre claramente que debes detenerte.

Hablaremos más acerca de las oraciones no contestadas más adelante, pero recuerda esto: al principio, las oraciones casi siempre parece que no tienen respuesta. Ese es el reto de la espera. Incluso si es una espera de cuatro días por un reproductor de cintas de video, el ciclo de pedir, observar y esperar puede desanimarte si no estás preparado para él.

Es ahí donde entra en juego la fe de Elías. Permite que la viuda que le ganó la batalla a un juez sea tu inspiración. Dios quiere susurrarte al corazón que ores sin cesar, que creas en Él para hacer lo imposible, y que dejes tus preocupaciones en sus manos porque Él cuida de ti.

Ora hasta que Dios te muestre claramente que debes detenerte.

Tu persistencia revela tu fe, y tu fe mueve el corazón de Dios.

TRECE

El *bypass* espiritual no es en absoluto espiritual

Hace algún tiempo, una amiga mía destrozó su automóvil.

Lo peor es que era un Mercedes-Benz precioso. No era un modelo nuevo, sino uno de esos clásicos que nunca pasan de moda y tienen personalidad propia. A todos les encantaba, y eso hizo que su muerte fuera aún más dolorosa.

Esto es lo que ocurrió: mi amiga se acababa de mudar a Los Ángeles desde el sur, trayendo consigo su adorable acento sureño y una mente llena de sueños.

Al parecer, su enfoque estaba en sus sueños, y no en el nivel de aceite de su auto.

Es más fácil orar por cosas que hacer el trabajo necesario para arreglarlas.

Cuando se encendió la luz de "revisar aceite" por primera vez, era intermitente; sin embargo, con el tiempo se quedó encendida permanentemente. Aun así, ella no le dio demasiada importancia a esa alerta roja y brillante que veía en el panel de instrumentos cada vez que conducía, porque su papá siempre se había encargado de ese tipo de cosas. Ella tenía la esperanza de que, si la ignoraba, se arreglaría por sí sola.

Pasaron varios meses y la luz seguía encendida, intentando avisarle de que el motor necesitaba atención. Por supuesto que ignorar el problema no funcionó, y el vehículo no se arregló solo.

Ella condujo ese pobre Mercedes-Benz hasta que un día murió.

No hubo ningún funeral. Es una lástima, porque todos habríamos ido.

D.E.P. Mercedes-Benz.

Todavía molestamos a mi amiga por su ingenuidad. Pero me pregunto: ¿cuántas veces hacemos nosotros lo mismo cuando se trata de problemas en nuestra mente y nuestras emociones? Ignoramos las señales de alerta y esperamos que nuestros traumas y dramas se arreglen por sí solos.

Todavía peor, a veces utilizamos lenguaje espiritual para tapar problemas más profundos. La mayoría de las veces no lo hacemos de manera intencional, pero es más fácil orar por cosas que hacer el trabajo necesario para arreglarlas.

Esto no ayuda en nada a la oración, y nos lleva directamente al fracaso. Sí, deberíamos orar por todo, pero eso no significa que la oración por sí sola vaya a arreglarlo todo. Su función nunca fue ser una poción mágica que cura todos los males y quita el dolor sin ningún esfuerzo por nuestra parte.

La oración debería ir acompañada de acción, no sustituirla.

La oración debería arrojar luz al dolor, no esconderlo.

La oración debería facilitar la sanidad, no permitir el abuso continuado.

La oración debería empoderar y dirigir nuestros esfuerzos, no servir de excusa para nuestra pereza.

"ORA POR ELLO Y YA ESTÁ"

La tendencia a usar la oración y otras prácticas o creencias espirituales para evitar emprender la acción tiene nombre. Se llama *bypass ("desvío")espiritual*.

El término tiene su origen en el campo de la psicología. El psicólogo y profesor Dr. Philip Clark lo define como "evitar problemas emocionales subyacentes enfocándose únicamente en creencias, prácticas y experiencias espirituales".[18]

En otras palabras, el *bypass* o desvío espiritual implica que, en lugar de pagar el precio de entender y arreglar las cosas que no están en orden en nuestros pensamientos y emociones, intentamos tapar esos problemas y seguir avanzando "orando por ello", "teniendo mucha fe" o algo similar. Hacemos eso más veces de las que probablemente creemos.

Sin embargo, identificar el *bypass* espiritual puede ser difícil; después de todo, la realidad es que deberíamos recurrir a la oración cuando nos sentimos agobiados. Esa es la esencia del versículo que dice "oren por todo y no estén ansiosos por nada". La Biblia nos dice que oremos, tengamos fe, y confiemos en Dios sin importar las necesidades que tengamos o los problemas que enfrentemos, sean pequeños o grandes.

¿Es eso *bypass* espiritual? No. Bueno, no en sí mismo.

El problema no es la oración; siempre deberíamos orar. El problema llega cuando no tomamos responsabilidad individual por lo que *nosotros* deberíamos hacer. En el momento en que utilicemos a Dios, la oración, la fe, la Biblia, la iglesia, diezmar, el cielo,

18. Philip B. Clark, Amanda L. Giordano, Craig S. Cashwell, y Todd F. Lewis, "The straight path to healing: Using motivational interviewing to address spiritual bypass", *Journal of Counseling & Development* 91, no. 1, (Enero 2013), p. 87.

o cualquier otra creencia o práctica espiritual para evitar nuestra responsabilidad individual, habremos cruzado la línea del *bypass* espiritual.

A nivel práctico, ¿cómo podemos identificar el *bypass* espiritual? Por lo general, implica sustituir el crecimiento personal o emprender la acción real por alguna excusa barata, como las siguientes:

+ La oración: "Ora por ello y ya está".

+ La fe: "Si tan solo tuvieras más fe…".

+ El cielo: "Esta tierra está corrompida por el pecado; en el cielo se hará justicia".

+ La soberanía de Dios: "Sus caminos son más altos que los nuestros, así que no intentes entenderlo".

+ Disciplinas espirituales: "Si fueras generoso/ayunaras/sirvieras en la iglesia, serías bendecido".

+ El perdón: "Tienes que perdonar, olvidar, y seguir avanzando".

+ La unidad: "Si no estás de acuerdo o te quejas, estás causando división".

+ La visión: "Sé que estás sufriendo; pero estás siendo parte de algo más grande que ti mismo, así que vale la pena".

+ El amor: "El amor cubre multitud de pecados; el amor no lleva la cuenta de las ofensas".

Lo complicado del *bypass* espiritual es que parece muy… *espiritual*. Es difícil argumentar cuando la persona que está haciendo el *bypass* está citando la Biblia o apelando a tu lado más generoso y compasivo. Después de todo, la lista anterior está compuesta por cosas buenas, y la mayoría de las frases entre comillas están en la Biblia o se pueden respaldar con versículos.

Sin embargo, la diferencia es cómo se usan. ¿Estamos citando la Biblia y hablando de cosas espirituales para servir a los demás y seguir a Dios con todo el corazón? ¿O las estamos usando para evitar cambiar, esquivar la responsabilidad, o controlar a las personas?

Es importante que respondamos a estas preguntas, porque a Dios no le impresiona la falsa espiritualidad. Él no es manipulable ni ve con buenos ojos que las personas manipulen a otras en su nombre. Tampoco quiere que nos engañemos a nosotros mismos pensando que somos santos, que estamos sanos y felices porque hemos completado la lista de quehaceres espirituales esta mañana. Esta clase de blanqueamiento espiritual era lo que a menudo enfrentaba a Jesús con los fariseos.

LOS ASUNTOS MÁS IMPORTANTES

El término *bypass (desvío) espiritual* es relativamente nuevo, pero la acción que describe es tan antigua como la humanidad.

Santiago escribe:

> *Supongamos que un hermano o una hermana no tiene con qué vestirse y carece del alimento diario, y uno de ustedes le dice: «Que le vaya bien; abríguese y coma hasta saciarse», pero no le da lo necesario para el cuerpo. ¿De qué servirá eso?*
>
> (2:15-16)

Observemos la frase: "Que le vaya bien; abríguese y coma hasta saciarse". Santiago llevaba el sarcasmo a otro nivel, y me encanta. Sin embargo, nosotros hacemos lo mismo cuando sustituimos la acción por oración, la generosidad por fe hueca, y el amor práctico por tópicos religiosos.

Los profetas a menudo confrontaban a Israel por su tendencia a sustituir los cambios sociales necesarios por actividad religiosa. El pueblo ofrecía sacrificios, oraba, y proclamaba seguir a Dios mientras ignoraba los asuntos reales que les rodeaban, los cuales incluían cuidar de los pobres, defender a los oprimidos, y asegurarse de que se hiciera justicia a través del sistema legal.

Por ejemplo, el profeta Oseas dice: *Lo que pido de ustedes es amor y no sacrificios, conocimiento de Dios y no holocaustos* (6:6). Miqueas dice algo similar: *¡Ya se te ha declarado lo que es bueno! Ya se te ha dicho lo que de ti espera el Señor: Practicar la justicia, amar la misericordia, y humillarte ante tu Dios* (6:8).

El sistema de valores de Dios no se basa en escoger las palabras correctas o cumplir con un estándar religioso, sino en *ser las personas que debemos ser*. Fuimos diseñados para reflejar el amor, la misericordia y la justicia que lo caracterizan a Él.

Cientos de años después, Jesús les llamó la atención a los fariseos por hacer lo mismo. *¡Ay de ustedes, maestros de la ley y fariseos, hipócritas! Dan la décima parte de sus especias: la menta, el anís y el comino. Pero han descuidado los asuntos más importantes de la ley, tales como la justicia, la misericordia y la fidelidad. Debían haber practicado esto sin descuidar aquello* (Mateo 23:23).

Observemos la frase "los asuntos más importantes". Jesús quería decir que estaban siendo muy estrictos con los detalles más pequeños (hasta diezmaban de las especias que crecían en sus jardines), pero ignoraban todo lo que realmente importaba: la justicia, la misericordia y la fidelidad. El objetivo de la expresión "los asuntos más importantes" es hacernos pensar en qué estamos gastando nuestro tiempo y energías en hacer bien. ¿Estamos haciendo bien las cosas pequeñas, pero mal las grandes?

En otras palabras, si tu Mercedes-Benz tiene encendida la luz de "revisar aceite", no te limites a lavar y pulir el exterior del automóvil; llévalo al taller para que puedan repararlo. Ninguno de nosotros es perfecto; pero siempre deberíamos prestar más atención a las áreas que son más importantes.

LAS PERSONAS COMPLETAS SON PERSONAS SALUDABLES

El *bypass* espiritual se deriva de una mentalidad que considera nuestro espíritu como algo separado del resto de nuestro ser. Pensamos que creer en Dios significa ignorar la parte física y tangible de nuestro ser en beneficio de las prácticas espirituales. Pero no funciona así; no se pueden separar las partes que nos componen.

La fe no existe por separado. Nuestra espiritualidad, y por lo tanto, nuestras oraciones, están intrínsecamente conectadas a todos los aspectos de nuestro ser: la mente, el alma, el espíritu, el cuerpo, la voluntad y las emociones.

El Dr. Clark escribe:

> Un identificador clave del *bypass* espiritual es una falta de balance evidente o una compartimentación del yo; en lugar de integrar todos los niveles de la consciencia humana, aquellos que se encuentran en *bypass* espiritual se enfocan únicamente en el nivel espiritual como medio para evitar el trabajo psicológico que es doloroso... La práctica, búsqueda y enfoque espirituales no son perjudiciales en sí mismos. Lo peligroso es evitar el trabajo psicológico y emocional que es necesario para sanar. Por lo tanto, el discurso acerca del *bypass* espiritual no sentencia que tener una vida espiritual está mal o no es saludable. Hay

momentos, sin embargo, en los que la práctica espiritual más apropiada es realizar el trabajo psicológico necesario aunque sea doloroso.[19]

En otras palabras, necesitamos las prácticas espirituales, pero también necesitamos lidiar con el trauma. Debemos entender el duelo; necesitamos reconocer nuestras debilidades, adicciones, temores y sueños. Debemos cuidar de todo nuestro ser: cuerpo, alma y espíritu. Por lo tanto sí, debes tener fe y creer que obtendrás salud física; sin embargo, también come más ensaladas y menos salchichas rebozadas en maíz.

Ora por tus exámenes finales; pero también estudia y duerme lo suficiente.

Pídele a Dios que bendiga tus finanzas; pero también lee un libro, o asiste a una clase, o por lo menos ve un par de videos de YouTube acerca de cómo balancear un presupuesto.

La fe y el trabajo son amigos y están en el mismo equipo: el tuyo. No los enfrentes el uno contra el otro. Ten cuidado con las enseñanzas o filosofías que niegan la realidad en nombre de la fe o permiten que el abuso continúe disfrazado de espiritualidad. Ignorar la realidad no tiene nada de espiritual. La fe no es ciega; solo la estupidez lo es.

Recuerdo a un anciano predicador que decía que había conocido personas que tenían "una mentalidad tan celestial, que no servían para nada en la tierra". Creo que tiene razón. Si tu fe no funciona en la vida real, tal vez ni siquiera sea fe sino escapismo.

La fe real es plenamente consciente de lo que está ocurriendo en el mundo físico, pero ve más allá de ese mundo y toma en

19. Clark, Giordano, Cashwell, y Lewis, "The straight path to healing", p. 88.

consideración a Dios. Usa la fe para informar al presente, no para negarlo.Tu fe debería hacerte más completo, y no más fragmentado. Debería alinearte, orientarte, estabilizarte y unificarte. Si no lo hace, consigue una fe nueva porque la tuya está rota.

LAS ASTUTAS DINÁMICAS DEL BYPASS

El *bypass* religioso es sigiloso y astuto. Como dije antes, lo hacemos sin darnos cuenta; no desde un corazón malvado sino desde un deseo subconsciente de saltarnos el arduo trabajo que deberíamos hacer.

Como escribió Jeremías: *Nada hay tan engañoso como el corazón. No tiene remedio. ¿Quién puede comprenderlo?* «*Yo, el Señor, sondeo el corazón y examino los pensamientos, para darle a cada uno según sus acciones y según el fruto de sus obras*» (17:9-10).

Necesitamos que Dios desenmascare y saque a la luz las motivaciones ocultas de nuestros corazones. Veamos con más detalle algunas de las razones por las que podríamos estar realizando *bypass* espiritual, especialmente con respecto a la oración.

1. PARA EVITAR LIDIAR CON NUESTRO PROPIO DOLOR Y LOS TRAUMAS

En un capítulo anterior mencioné que uno de los mayores beneficios de la oración es que nos ayuda a procesar el dolor, las dificultades y el trauma. No uses la oración para encubrir o tapar el trauma; úsala para lidiar con él, para explorarlo, y encontrar áreas en las que necesitas más recursos o ayuda.

No permitas que nadie te diga que tu depresión se iría, o que superarías esa adicción, si "tan solo tuvieras más fe". Ellos no conocen el nivel de tu fe; solo Dios lo conoce. Sí, la fe es esencial, y la oración siempre ayuda, pero hay cosas en la vida que requieren sabiduría, entendimiento y trabajo duro.

2. PARA EVITAR SENTIR EL DOLOR DE OTRA PERSONA

Ten cuidado de no responder "oraré por ti" o "deberías orar por eso" con demasiada rapidez. Primero, siéntate a su lado y acompáñalo en su dolor. Intenta comprender su pregunta o preocupación, y ten cuidado con la tendencia humana de mantener alejado el dolor ajeno. Una vez que hayas entrado de verdad en su mundo y desarrollado empatía y compasión, entonces será el momento de orar (y seguramente esa oración será muy bien recibida). De nuevo, no limites tu respuesta solamente a orar si hay algo más que puedas hacer.

3. PARA EVITAR EL TRABAJO ARDUO

La oración, la fe, el cielo y Dios son todos invisibles y difíciles de medir, porque son subjetivos. Como resultado, hay poca responsabilidad inmediata, y podemos engañarnos a nosotros mismos pensando que estamos haciendo nuestra parte.

Es más fácil orar para conseguir un empleo que salir y buscarlo. Es menos vulnerable orar por una pareja que pedir una cita a alguien. Es más cómodo quedarse en casa quejándose por no tener amigos que hacer un esfuerzo por conocer gente.

A un nivel más amplio, el *bypass* espiritual podría incluir negarse a abordar problemas sociales porque "la única respuesta es Jesús", "el cielo es el único lugar libre de dolor y sufrimiento", o no cuidar de este planeta como deberíamos porque "de todas formas habrá un cielo nuevo y una tierra nueva".

Hay una historia en el Antiguo Testamento sobre el rey Saúl (que no fue un buen rey en ningún sentido), cuando desobedeció una orden específica de Dios y después se excusó diciendo que lo había hecho para poder ofrecer sacrificios a Dios. El profeta Samuel no estaba impresionado, y dijo: *¿Qué le agrada más al Señor: que se le ofrezcan holocaustos y sacrificios, o que se obedezca lo que él dice? El obedecer vale más que el sacrificio, y el prestar atención, más que la grasa de carneros* (1 Samuel 15:22).

Es obvio que eso se aplica a cualquier otra disciplina espiritual. Cuando Dios nos pide que actuemos, espera que *actuemos*, no que oremos, alabemos, ayunemos, asistamos a la iglesia o hagamos cualquier otra actividad espiritual.

La oración es maravillosa; pero orar cuando deberíamos obedecer es un problema.

4. PARA PROTEGER EL STATU QUO

Cuando alguien señala algo que está quebrado en los sistemas que le rodean, o cuando está compartiendo su historia de dolor o abuso, el *bypass* espiritual puede aparecer como un consejo rápido acerca del "amor", la "unidad" o "el bien común".

Esto puede suceder fácilmente en la iglesia o en el hogar. Si somos líderes en esos espacios, tenemos que tomar tiempo para escuchar las quejas a nuestro alrededor y hacer los cambios necesarios, no meterlos debajo de la alfombra en nombre de "todo lo bueno que está ocurriendo".

5. PARA DESCARGAR LA RESPONSABILIDAD

"Estoy orando, así que está en manos de Dios. Él sabe lo que necesito, y yo estoy confiando en Él y esperando su tiempo perfecto". Eso suena muy espiritual, ¿no es así? Y tal vez lo sea, o quizá sea simplemente *bypass* espiritual. Hay que saber distinguirlos. Por lo regular, si somos sinceros con nosotros mismos, en el fondo sabemos cuándo estamos ignorando la luz de "revisar aceite" en nuestras vidas.

6. PARA EXCUSAR O MINIMIZAR NUESTROS ERRORES

Querer culpar a otro cuando las cosas no van bien es parte de la naturaleza humana. Y también lo es querer evitar ser a quien culpan, así que buscamos culpables en Dios o el diablo porque son chivos expiatorios muy convenientes.

La oración es maravillosa; pero orar cuando deberíamos obedecer es un problema.

La excusa más famosa de esta categoría es: "El diablo me obligó a hacerlo". Creo que la mayoría de nosotros vemos que esa afirmación no tiene sentido. Sin embargo, decimos cosas como: "Dios pudo haberme detenido pero no lo hizo"; "Dios hace que todo obre para mi bien, incluidos mis errores". Cierto, pero la verdad es que no es lo ideal, y seguirá habiendo consecuencias cuando cometamos errores.

Sí, deberíamos confiar en la soberanía de Dios. Sí, deberíamos perdonarnos a nosotros mismos y seguir avanzando cuando nos equivocamos. Sí, Dios hace que hasta las cosas malas obren a nuestro favor. No obstante, esas verdades no invalidan el hecho de que nosotros somos responsables de nuestras propias decisiones.

Si te has equivocado, deberías enmendarlo lo mejor que puedas. Eso implica confesar lo que hiciste, pedir perdón a las partes ofendidas, hacer restitución si puedes, y hacer cambios reales para no repetir el error.

No digas: "Dios ve mi corazón" o "solo Dios es perfecto", si lo estás diciendo para excusar tus errores.

7. PARA JUSTIFICAR UN COMPORTAMIENTO INCORRECTO Y RECURRENTE

A veces, las personas utilizan la Biblia o principios espirituales para justificar su comportamiento inapropiado. Es posible que esta sea la razón más peligrosa de todas, debido al potencial que tiene de hacer daño profundo y prolongado en el tiempo.

Esto puede incluir hacer luz de gas (o sea, manipulación mental), echar la culpa a la víctima, y otras formas de manipulación camufladas con términos espirituales. Un ejemplo de esto sería una figura de autoridad que demanda que las personas le perdonen repetidamente, haciendo énfasis en la "gracia" y la "misericordia" en lugar de restituir y cambiar, o culpar a otros por su comportamiento incorrecto en lugar de reconocerlo.

Debemos asegurarnos de no utilizar nuestra fe como un arma para protegernos o aprovecharnos de los demás, incluso sin darnos cuenta. La Biblia, la fe, la oración y las comunidades de iglesia existen para servir a las personas, no para controlarlas. Dios se toma esto muy en serio, como hemos visto en los escritos de Santiago, Oseas, Miqueas y otros autores.

Debemos mantenernos abiertos a la convicción del Espíritu Santo en todo esto. Solo porque utilicemos palabras cristianas, vayamos a la iglesia, o nos sepamos versículos de la Biblia no significa que estemos actuando con un corazón puro.

La oración es una de las mejores maneras de mantener nuestros corazones limpios y nuestras motivaciones puras delante de Dios. Él ve los rincones ocultos de nuestro corazón, y nos mostrará cosas que podrían hacernos caer o que podrían ser una fuente de dolor para otros.

Estas siete motivaciones ocultas (esconder nuestro dolor, menospreciar el dolor de los demás, evitar el trabajo duro, proteger el *statu quo*, descargar la responsabilidad, excusar nuestros errores y justificar comportamientos incorrectos) no nos hacen ningún bien. Lo único que hacen es tapar los asuntos reales e importantes que hay detrás. Si no lidiamos con ellas, podrían causarnos serios problemas más adelante.

Dios es fiel, y permite que ocurran momentos de "revisar el aceite" en tu vida porque a Él le importa tu salud y le importan las personas que te rodean. Quizá hay personas que se quejan contigo. Puede que sean la ansiedad o la depresión. Puede que sean relaciones rotas o problemas financieros.

No ignores las luces de aviso de tu corazón, y no utilices la oración o el amor para camuflar lo que realmente está ocurriendo. No conduzcas tu alma hasta que muera; eso es mucho más trágico que cargarte un Mercedes-Benz.

En lugar de eso, utiliza la oración, la fe, el amor, y todas las demás herramientas espirituales que tienes a tu alcance para profundizar más en lo que realmente ocurre, y después ponte a trabajar en ello. Busca consejo o terapia, estudia y aprende, crece en sabiduría. Escucha a las personas que tienes cerca, y escucha al Espíritu Santo. Humíllate y comienza a crecer. Dios producirá cambio y sanidad si tú estás dispuesto a trabajar en ello.

—— CATORCE ——

El lado oscuro de la oración

¿Recuerdas intentar encontrar la cara de un hombre en la luna cuando eras niño? Aquí en Los Ángeles normalmente solo podemos ver la luna y un puñado de estrellas en la noche gracias a la contaminación ambiental y lumínica, así que encontrar la cara de un hombre en la luna es mi única aspiración astronómica.

Tal vez te hayas dado cuenta de que la cara del hombre en la luna (bueno, por lo menos una parte de ella) siempre está presente sin importar cuán iluminada esté la luna. Eso es porque la luna no gira rápidamente como la Tierra, sino que gira estática alrededor de nuestro planeta como un teléfono celular en un palo para *selfies*. Eso significa que siempre estarás mirando el mismo lado de la luna, sin importar el día del año o el lugar del mundo donde te encuentres.

Entonces, ¿qué pasa con *el otro* lado de la luna; el lado opuesto, la mitad que nunca vemos? Por lo regular se le llama "el lado oscuro de la luna", que casualmente también es el título de un famoso álbum de Pink Floyd de los años setenta.

No estoy seguro de qué quería decir Pink Floyd con el título del álbum, pero cuando nos referimos a la luna, "oscuro" *no* significa que "nunca está iluminado". Este dato me agarró por sorpresa cuando lo escuché, así que no te sientas estúpido si habías supuesto que el lado oscuro de la luna estaba siempre sumido en la oscuridad. O tal vez deberíamos sentirnos estúpidos juntos. En este caso, oscuro significa "oculto a la vista o al conocimiento".

He leído un poco sobre el tema, y he averiguado que ningún humano ha aterrizado nunca en el lado oscuro de la luna. Solo una nave lo ha conseguido con éxito, y eso no fue hasta 2019. Algunos humanos han girado en órbita alrededor de la luna y han visto el lado oscuro, y tenemos algunas fotos, pero nada más.[20] La verdad es que es fascinante que, después de más de sesenta años en la era espacial, aún hay mucho que no sabemos acerca de algo tan cercano y supuestamente familiar como es la luna.

Podríamos decir lo mismo acerca de la oración; o más específicamente, acerca de cómo Dios responde a la oración. Hay mucho que no conocemos sobre la oración, sobre Dios y sobre la fe. Cuando se trata de Dios, hay y siempre habrá mucho misterio. La oración tiene un lado desconocido, oculto y "oscuro", por así decirlo. Eso no es malo.

Si pudiéramos resumir, explicar, describir y predecir a Dios a través de un libro de texto, no sería Dios. Y, si convirtiéramos la oración en un hechizo tipo abracadabra, no sería oración. Los humanos no podemos contener o limitar a Dios. La oración no es una manera de controlar a Dios sino un recordatorio de que Él está más allá de nuestro control.

¿Recuerdas cuando Simón el hechicero intentó darle dinero a Pedro a cambio del poder del Espíritu Santo? Si no has leído la historia, puedes encontrarla en Hechos 8. Pedro estaba predicando en Samaria, y Simón era un mago y hechicero del pueblo

---

20. Michael Greshko, "China just landed on the far side of the moon: What comes next?", *National Geographic*, 2 de enero de 2019, www.nationalgeographic.com/science/article/china-change-4-historic-landing-moon-far-side-explained.

que estaba asombrado con los milagros que estaban ocurriendo. Simón supuso que, si pagaba suficiente dinero, podría comprar los hechizos o el conocimiento para poder hacer esas cosas él mismo.

A Pedro no le gustó la idea, y prácticamente le gritó: *¡Que tu dinero perezca contigo [...] porque intentaste comprar el don de Dios con dinero!* (Hechos 8:20).

Los humanos no hemos cambiado mucho. Aún seguimos soñando con situaciones parecidas a la del genio de la lámpara que nos den acceso a un sinfín de riquezas y un control total sobre el proceso. Pero Dios no cabe en una lámpara, en el libro de hechizos de un brujo, en el libro de teología sistemática de un pastor, en el edificio de una iglesia, ni en cualquier otro recipiente hecho por el ser humano.

Por definición, Dios siempre está más allá del entendimiento humano. Isaías lo dijo en su famosa frase: *Mis caminos y mis pensamientos son más altos que los de ustedes; ¡más altos que los cielos sobre la tierra!* (Isaías 55:9). Sería irresponsable, e incluso peligroso, afirmar que todo lo que Dios hace siempre tiene sentido o que las oraciones siempre obtendrán resultados. Algunas oraciones nunca recibirán respuesta. A las personas buenas les ocurrirán cosas malas, y no siempre se hará justicia.

Debemos conocer esta realidad si queremos tener un estilo de vida de oración. Debemos tener una perspectiva madura del misterio y la soberanía de Dios, o estaremos desanimados y enojados cuando no entendamos algo. Para *nosotros* no tiene sentido porque no somos Dios, pero a Él no le confunde nada de lo que está ocurriendo.

Cuando lleguemos al cielo, tendremos una mejor perspectiva de las cosas. Pablo escribió lo siguiente en 1 Corintios 13: "*Porque conocemos y profetizamos de manera imperfecta; pero cuando llegue lo perfecto, lo imperfecto desaparecerá"* (v. 9-10). Yo creo que quería decir que no podemos estar completamente seguros de nada mientras estemos aquí en la tierra. Hacemos lo que podemos, pero al final nos damos cuenta de que muchas cosas están reservadas para Dios, el cielo, y la eternidad.

La religión (ateniéndonos al significado vacío y humano de la palabra) quiere eliminar el misterio, y afirma tener las respuestas. Intenta hacer de Dios un sistema y reducir la fe a una fórmula. La oración consigue el efecto contrario. No elimina el misterio de Dios, sino que nos introduce a nosotros en la historia de ese misterio.

LA ORACIÓN IMPLICA CERCANÍA Y RESPETO

Una de las formas en que la oración nos introduce en el misterio de Dios es recordándonos que Él es Dios y nosotros no. Nos coloca en nuestro lugar. ¿Qué "lugar" es ese? Es el de tener *cercanía* y *respeto* a la vez.

Yo crecí en la costa oeste, que tiene una cultura completamente diferente al sur. En el lugar del que yo vengo, no pasa nada por responder a tus padres con un simple sí o no. Incluso podría ser correcto algo más casual como *claro, está bien, okey* o *nop*.

Sin embargo, si creciste en el sur, la historia es completamente diferente. Seguramente aprendiste que la única respuesta aceptable a las preguntas parentales era *sí señor, sí señora, no señor* o *no señora*. Cualquier cosa más informal que eso podría poner en riesgo tu vida. ¿Por qué? Porque eran tus padres, y tenías que hablarles con respeto o atenerte a las consecuencias.

No voy a argumentar a favor de una cultura u otra porque, de hecho, las dos tienen algo que enseñarnos. El lenguaje informal implica cercanía y confianza, mientras que el lenguaje formal implica respeto. Los dos son buenos, y los dos son necesarios.

La cercanía y el respeto no son mutuamente excluyentes, por supuesto. Ya sea que digas *señor* o *claro*, puedes respetar y honrar a tus padres y a la vez confiar en ellos, apoyarte en ellos y reírte con ellos.

Lo mismo se aplica a Dios. La oración debería acercarnos a Dios, pero a la vez debería infundirnos asombro y respeto.

El amor de Dios y su grandeza van de la mano; lo amamos pero también lo adoramos. Corremos a su presencia; pero también nos damos cuenta de que Él es Rey y, por lo tanto, estamos entrando al salón celestial del trono. Como hijos suyos, tenemos mucha confianza y accesibilidad, pero recordamos que nuestro Padre es también el Dios del universo.

La oración crea una confianza absoluta y una dependencia en humildad, y ese es un lugar perfecto donde estar. Es saludable, relajado y nos da paz.

El problema de los sistemas religiosos es que tienden a reemplazar la cercanía por protocolos, y el respeto por temor. De ese modo, nuestra relación con Dios acaba siendo más caminar de puntillas que acercarnos confiadamente al trono de la gracia. Comenzamos a ver a Dios como un ser distante y alejado de nosotros. Y lo peor es que no nos importa; ¿por qué íbamos a querer estar cerca de alguien a quien le tenemos miedo?

La verdadera oración derrota la toxicidad de la religión vacía creando cercanía y asombro al mismo tiempo.

Piensa en la última vez que oraste con sinceridad, urgencia y vulnerabilidad. Tal vez fue porque te enteraste de que un familiar estaba enfermo, perdiste el empleo, tenías una preocupante presión financiera, o comenzaste a caer en la ansiedad o la depresión. ¿Cómo hablaste con Dios en esos momentos?

Seguramente fue de manera muy directa, y me atrevo a decir que no sonabas muy "espiritual". Simplemente clamaste a Él desesperado, o incluso enojado, porque necesitabas su ayuda.

Cuando oramos, conectamos directamente con Dios. Nos saltamos los protocolos artificiales de los sistemas religiosos vacíos, y pasamos por encima de las normas humanas acerca de cómo acercarse a Dios. Irrumpimos en su presencia con una confianza y una humildad que Él ama.

La verdadera oración es *antirreligiosa*. Nuestras conversaciones con Dios sin filtros, sin retoques y vulnerables se rebelan ante los intentos legalistas de definir y predecir (y, por lo tanto, controlar) a Dios.

Mientras más oramos, más nos acercamos a Dios y más nos asombramos de quién es Él.

LA ORACIÓN ES EL LENGUAJE DE LA AFLICCIÓN

Una segunda forma en que la oración nos introduce en el misterio de Dios es dándonos una manera de lamentarnos. Lamentarse no es una palabra que se oye muy a menudo hoy en día, pero siempre ha sido parte de las creencias judías y cristianas, así como de muchas otras religiones. Incluso hay un libro en la Biblia que se llama Lamentaciones.

Recuerdo como si fuera ayer el día en el que mis amados SuperSonics de Seattle se mudaron a Oklahoma en el año 2008. Bueno, en realidad no se mudaron; nos los robaron, y eso dolió. Todavía duele, para ser sinceros; y, cuando ocurrió, yo pasé por mi propio libro de Lamentaciones. Me sentía enojado, triste, traicionado, engañado, destrozado, anestesiado y otras mil cosas a la vez.

Eso es lamentarse. Es curioso pensar en la cantidad de veces que el lamento va de la mano con el deporte.

Expresar nuestra aflicción a Dios es una de las cosas más espirituales que podemos hacer aunque no lo parezca. Cuando lo hacemos, sentimos que nos estamos desahogando, y parece casi blasfemia decirle a Dios lo que realmente pensamos y sentimos.

Algunas personas nunca lo hacen porque han aprendido a acercarse a Dios solo con palabras cuidadosamente escogidas, pero Él ya ve nuestro corazón. ¿Por qué no expresar con nuestra boca lo que estamos sintiendo? A Dios no le asustan esos sentimientos. Él los creó, al fin y al cabo, y Jesús también los sintió.

El historiador y autor Ernest Kurtz escribe que "experimentar tristeza, desesperación, lágrimas y gritos de dolor no es una violación o un déficit de espiritualidad, sino más bien la espiritualidad suprema de la aceptación".[21]

La aflicción es en sí una forma de oración. Puede tener palabras o puede no tenerlas, y puede expresarse a Dios o simplemente surgir de un corazón roto que se desborda.

A Dios le importa nuestra aflicción. Él la ve y la escucha, y llora con nosotros. David escribió: *El Señor está cerca de los quebrantados de corazón, y salva a los de espíritu abatido* (Salmos 34:18).

---

21. Ernest Kurtz y Katherine Ketcham, *The spirituality of imperfection* (New York: Bantam Books, 1992), p. 61.

Dios no espera que lo invites a acercarse. Como un padre que escucha un grito de dolor de su hijo, Él se acerca a nosotros en nuestro momento de necesidad.

Eso es bueno, porque la oración puede ser difícil en momentos de aflicción. Podríamos sentir que Dios mismo es el culpable de nuestro sufrimiento, que Él nos dejó tirados en lugar de salvarnos. Podemos estar tan abrumados, que hasta nos cueste articular las palabras.

Muchas veces, los momentos de aflicción son cuando mejor conocemos a Dios, pues las distracciones y las cosas superficiales se desvanecen, y lo que queda es la certeza de que Dios es real, que está con nosotros y que le importamos. Nada tiene sentido, y ni siquiera podemos explicar lo que sabemos acerca de Dios; lo único que sabemos es que su presencia y su paz llenan nuestros corazones, llenan la habitación y llenan nuestro día entero.

> **Expresar nuestra aflicción a Dios es una de las cosas más espirituales que podemos hacer.**

Si estás pasando por un momento difícil y no tienes ganas de orar, no pasa nada. No te presiones a ti mismo para aparentar ser espiritual o tener fe. Tu aflicción es una oración, y tu tristeza es un clamor a Dios; tan solo deja que Él te ame. Deja que Él dé paz y consuelo a tu vida; eso es lo que Él hace muy bien.

LA ORACIÓN ES DESCANSO

Una tercera forma en que la oración nos introduce en el misterio de Dios es llevándonos a un lugar de descanso. Eso puede parecer extraño al principio, porque aparentemente "no saber" debería producir en nosotros inquietud y ansiedad, no descanso. Sin embargo, cuando aceptamos el misterio de Dios, descubrimos el descanso que produce simplemente dejar que Él sea Dios.

¿Alguna vez has visto una película con alguien que no soporta no saber lo que va a pasar? Tal vez era una de esas películas en las que el guionista hace que las cosas sean confusas a propósito, y los cabos sueltos no se atan hasta el final. Pero tu amigo no sabe valorar esa trama, así que te acribilla a preguntas durante toda la película, como si tú supieras mejor que él lo que está ocurriendo. Finalmente, le contestas como si supieras: "Cállate y disfruta de la película. Todo tendrá sentido al final, te lo prometo".

Dios no nos contesta así. Él sí es paciente cuando hacemos preguntas. Sin embargo, yo creo que a veces pone cara de circunstancia y desearía que simplemente disfrutáramos del misterio. Él susurra: "Al final todo tendrá sentido, te lo prometo".

Es agotadora la obligación de tener todas las respuestas, ¿no es así? ¿Intentar mantener todo bajo control, prever todos los posibles escenarios, y tener varios planes alternativos para todo? Francamente, no es solo agotador.

Es imposible.

Los humanos no fuimos diseñados para ser dioses. Fuimos hechos a imagen de Dios, así que podemos tener cierto nivel de presagio, sabiduría e inteligencia. Podemos hacer muchas cosas, y como hemos aprendido de Santiago, hacer lo que podemos es una parte importante de la fe. Pero aceptar lo que solo *Dios* puede hacer es también parte de la fe.

La búsqueda del conocimiento o el control plenos conducen al agotamiento y a la ansiedad; pero la aceptación conduce al descanso. No me refiero a rendirse, sino a darle el señorío a Dios, entregarle nuestras preocupaciones a Él porque Él cuida de nosotros (ver 1 Pedro 5:7).

Deja que la incertidumbre de la vida te acerque a Dios. Toma su yugo, como invitó Jesús a hacer a sus seguidores, y encontrarás descanso para tu alma.

LA ORACIÓN ES ASOMBRO

Por último, la oración nos introduce en el misterio de Dios despertando el asombro. David escribió: *Te alabaré, porque asombrosa y maravillosamente he sido hecho; maravillosas son tus obras, y mi alma lo sabe muy bien* (Salmos 139:14, LBLA).

Si algo es *asombroso* es admirable, maravilloso y digno de alabanza. La palabra se refiere al objeto en cuestión. Dios es asombroso, el universo es asombroso, la gracia es asombrosa, los humanos son asombrosos, el amor es asombroso, la familia es asombrosa… y la lista podría continuar indefinidamente.

Tener una sensación de asombro, sin embargo, se refiere al sujeto: la persona que está asombrada por otra cosa. Como seres humanos, debemos desarrollar nuestro don del asombro. Yo creo que a Dios le encanta cuando nos asombramos por una puesta de sol, cuando nos quedamos mirando a un bebé que duerme y nos sentimos abrumados por el amor, cuando disfrutamos de una comida con amigos, o cuando nos reímos de memes chistosos en línea. La lista de cosas de las que deberíamos disfrutar, reírnos y amar también podría seguir indefinidamente.

Algunos empleamos más energía en el cinismo que en el asombro, y eso se nota.

La oración nos lleva de regreso a un asombro como el de los niños. Primero, porque nos recuerda cuán grande es Dios y lo mucho que lo necesitamos. Segundo, porque cuando estamos en la presencia de Dios no podemos evitar ser llenos de gozo y asombro. Y tercero, porque las respuestas a nuestras oraciones nos recuerdan que hay un Dios infinito y todopoderoso que cuida de todos los detalles de nuestra vida.

Nunca entenderemos a Dios por completo, pero no pasa nada. No tenemos que hacerlo. La divinidad va más allá de lo que podemos comprender.

En lugar de eso, profundicemos en el misterio. Encontremos en él cercanía, asombro por Dios, consuelo en nuestra aflicción, descanso de la preocupación, asombro y gozo.

Exploremos el "lado oscuro" de Dios. La fe no tiene que ser totalmente segura para ser fe, y la oración no tiene que ser del todo coherente para conectarnos con el cielo. No tenemos que entender a Dios antes de poder encontrar paz en Él.

Siempre hay más por aprender de Dios.

En los últimos capítulos hemos analizado algunas cosas que a menudo "hacemos mal" cuando oramos. Son áreas que fácilmente pasamos por alto, no entendemos bien, o a las que no damos importancia.

Hablamos acerca de cosas que obstaculizan la oración, oraciones que malgastan nuestro tiempo, por qué debemos perseverar en la oración, qué es el *bypass* espiritual (y por qué no es espiritual), y el lado misterioso y "oscuro" de la oración. Si tu vida de oración no es como te gustaría que fuera, es posible que una o varias de estas áreas sean las culpables.

Sin embargo, lo último que quisiera es que este análisis de las cosas potencialmente negativas de la oración te aleje de ella. Obsesionarse con los errores o los peligros de algo suele ser más perjudicial que beneficioso. Es como cuando buscas en Google los síntomas de una enfermedad y entonces comienzas a sentir dolores que antes no sentías (no hagas como que no has hecho eso. Todos lo hemos hecho).

La oración nos lleva de regreso a un asombro como el de los niños.

Así que, por favor, no dejes que la oración te intimide ni siquiera un poco. No te preocupes por si se te da bien (¿cómo medimos eso, por cierto?), cuántos minutos al día oras, cuántos versículos mencionas en tus oraciones o cuántos nombres de Dios conoces.

Simplemente habla con Él.

La mejor manera de aprender a orar es simplemente hacerlo. Ese es el enfoque de los siguientes capítulos.

CÓMO MEJORAR EN LA ORACIÓN

¿Alguna vez has decidido que querías aprender una habilidad nueva que estaba completamente fuera de tu zona de confort, y resultó ser fácil? Tal vez fue aprender un idioma nuevo, baile de salón, surfear, o simplemente tocar la punta de tus pies después de llegar a los cuarenta años.

No, ¿verdad? Yo tampoco.

Dominar una nueva habilidad nunca es fácil, elegante o rápido, y el número infinito de videos de personas fracasando en YouTube es prueba de ello.

Por alguna razón, no solemos anticipar que sea tan difícil, y creemos que deberíamos poder aprender algo nuevo rápidamente, que nuestra mejoría debería ser obvia, y que no habrá contratiempos.

Esto tiende a pasar también con la oración. Creemos que la oración es algo que deberíamos poder dominar rápidamente. Cuando no se nos da de maravilla (tal vez porque nos distraemos, estamos cansados, desanimados o aburridos), nos condenamos a nosotros mismos.

Esto se me debería dar mejor, pensamos. *Soy poco espiritual, poco disciplinado, y extremadamente malo en esto de la oración. Jesús dio su vida por mí, y yo me quedo dormido después de conversar con Él tres minutos.*

¿Me permites ser sincero? La oración es hablar con un Ser invisible que podría o no responder en el momento; por lo tanto, a veces se sentirá raro, difícil o aburrido.

Cuando yo oro, me doy cuenta de que la duda, las distracciones y las listas de quehaceres irrumpen en mi mente con la persistencia de un niño pequeño pidiéndome el iPhone. Seguro que si hubiera una recopilación en YouTube de personas fracasando en la oración, yo estaría incluido en ella.

Puede que te lleve algún tiempo llegar al punto en el que quieres estar, y no pasa nada. No significa que no seas espiritual, que seas un mal cristiano o que seas un vago; significa que eres humano.

Yo creo que a Dios no le importa en absoluto que seamos humanos. Después de todo, crearnos fue su idea. Él nos dio nuestra capacidad de concentración (o la falta de ella). Él sabe que tenemos dudas y que nos cansamos; de hecho, los propios discípulos de Jesús se durmieron en lugar de orar con Él la noche en la que fue arrestado.

Sin embargo, como con cualquier habilidad, obtendrás beneficios si estudias y aprendes sobre ella. Ese es el objetivo de esta sección: darte herramientas, técnicas y plantillas para ayudarte a orar mejor.

En los siguientes capítulos analizaremos varios temas útiles, incluyendo cómo utilizar el Padre Nuestro como modelo de oración, oraciones "peligrosas" que realmente cambian las circunstancias, un "menú de oración" que explica los diferentes tipos de oración, sugerencias para escuchar a Dios y, por último, una plantilla bastante simple para orar que utilizamos en nuestra iglesia.

Disfruta del viaje de aprender a orar, incluso si no es tan fácil ni está tan exento de problemas como le gustaría a tu lado perfeccionista. Resiste la tentación de juzgarte al compararte con otros o con tus propias expectativas, porque no hay unas normas que seguir ni un patrón al cual debas amoldarte. Al fin y al cabo, la oración no es fundamentalmente un conjunto de técnicas que debemos dominar.

Es comunicación con Dios.

Es una experiencia compartida.

Es una relación.

QUINCE

Señor, enséñanos a jugar a los bolos

La vida de oración de Jesús era tan poderosa, impactante y genuina, que aquellos más cercanos a Él (sus discípulos) querían aprender a orar como Él oraba.

Lucas registra este momento en su Evangelio: *Un día estaba Jesús orando en cierto lugar. Cuando terminó, le dijo uno de sus discípulos: —Señor, enséñanos a orar, así como Juan enseñó a sus discípulos* (11:1).

Así que Jesús lo hizo, y les dio lo que ahora llamamos el Padre Nuestro.

Detente y piensa en eso por un segundo. Jesús no escribió manuales o libros con normas, y en raras ocasiones hacía listas. Le gustaba contar historias, hacer preguntas difíciles, y romper esquemas y moldes. Parecía disfrutar de manera especial de provocar a sus discípulos; cuando acudían a Él con preguntas o quejas, casi nunca les daba una respuesta fácil.

Sin embargo, cuando le pidieron a Jesús que les enseñara a orar, Él lo hizo. Dejó lo que estaba haciendo y les dio un modelo sencillo a seguir. No era una fórmula o una oración ritual que había que memorizar y recitar, y tampoco era una lista de puntos a marcar.

Era una plantilla: un ejemplo de cómo orar que los discípulos podían usar mientras aprendían a comunicarse con Dios a través de la oración.

Si alguna vez has usado una plantilla para crear una presentación de PowerPoint o escribir una carta formal, sabes cómo funcionan las plantillas. Se comienza con una estructura que es intencionalmente genérica, y después se personaliza.

Ese es el objetivo del Padre Nuestro. Está pensado para ser personalizado, no copiado y pegado con exactitud en tu vida de oración.

Lo más probable es que hayas escuchado esta oración tantas veces, que ya te sepas de memoria alguna parte de ella, o toda. Aparece hasta en películas, a menudo recitada por un sacerdote en tono demasiado formal ante una congregación aburrida, o recitada por alguien que se enfrenta a un apocalipsis inminente. A Hollywood le encantan los estereotipos.

Sin embargo, el Padre Nuestro está muy lejos de ser un cántico aburrido o una oración de resignación. En realidad, es una forma de orar sencilla pero revolucionaria.

MANTENTE FUERA DEL CANALÓN

Piensa en el Padre Nuestro como si fuera una partida de bolos con barreras. Si alguna vez has ido a jugar a los bolos con niños pequeños, o si se te da fatal jugar a los bolos y no te importa que la gente lo sepa, sabrás lo que es jugar a los bolos con barreras.

La oración no debe ser un ritual, así que no hagas que el Padre Nuestro lo sea.

En una partida normal de bolos, el objetivo es hacer rodar una bola por una pista larga para derribar un conjunto de bolos colocados en forma triangular. Todos sabemos eso. El problema es que a ambos lados de la pista hay un canalón. Si no apuntas bien, tu bola acaba en el canalón y rueda lentamente hasta el final de la pista, con toda la vergüenza que eso conlleva.

Por eso existen las barreras que se ponen en los canalones a ambos lados de la pista. Si tu hijo (o tú) consigue aunque sea hacer rodar la bola en la dirección correcta, al final derribará aunque sea algunos bolos. No es hacer trampa, es solo jugar a los bolos con un poco de ayuda.

El Padre Nuestro es como tener las barreras puestas en la oración; como tener un poco de ayuda. Te da un esquema que seguir, algunos temas que cubrir, e incluso algunos consejos sobre palabras que puedes usar si no estás seguro de qué decir. Si te intimida la oración o sientes que tus tiempos de oración a menudo terminan en un canalón cósmico, seguir este modelo puede ayudarte.

Analicemos brevemente cada una de las frases de esta oración. Recordemos que la oración no debe ser un ritual, así que no hagas que el Padre Nuestro lo sea. Observemos que Jesús comienza diciendo: "Deben orar así" y no "Deberían decir esto". No es un hechizo, y tampoco vas a desbloquear un nivel celestial por decir las palabras correctas o hacer una buena entonación.

Nosotros los humanos tenemos la asombrosa habilidad de tomar verdades y transformarlas en fórmulas. Supongo que será porque las estructuras tienen algo que nos hace sentir seguros; sin embargo, si cambiamos corazón por estructura, estaremos perdiendo el enfoque.

La oración no es "ir a lo seguro" (hablaremos más sobre eso en el siguiente capítulo). La oración es vulnerable y genuina, auténtica y sincera, sin guion y sin nada que la ate. Por lo tanto, mientras analizamos esta oración, deja que tu mente y tu espíritu descubran el corazón que hay detrás de la oración, no solamente su estructura.

EL PADRE NUESTRO

Padre nuestro que estás en el cielo, santificado sea tu nombre, venga tu reino, hágase tu voluntad en la tierra como en el cielo. Danos hoy nuestro pan cotidiano. Perdónanos nuestras deudas, como también nosotros hemos perdonado a nuestros deudores. Y no nos dejes caer en tentación, sino líbranos del maligno. (Mateo 6:9-13)

Cada una de estas frases nos enseña algo acerca de cómo orar, y ese era el propósito que Jesús tenía cuando nos la dio en un principio. Por lo tanto, mientras analizamos cada una de las frases, no intentes simplemente entender el significado; practícalo. Pregúntate: *¿Cómo puedo añadir este concepto a mis oraciones?*

Y después hazlo.

Algunos días podrías hacer la oración entera, personalizando cada tema; es una manera fantástica de aprender a orar. Otros días escogerás una frase y pasarás todo el tiempo en ella. Eso también es estupendo.

Sea como sea que la uses, esta sencilla oración es una buena manera de comenzar a aprender a orar como Jesús lo hacía.

"PADRE NUESTRO QUE ESTÁS EN EL CIELO"

Jesús comienza su oración con una frase simple pero más profunda de lo que podamos entender aquí en la tierra: "Padre nuestro que estás en el cielo". Esto nos dice muchas cosas sobre Dios.

Él no es una fuerza; es una persona.

No es un ser impersonal, sino que anhela tener una relación con nosotros.

No está sujeto a las limitaciones de esta tierra; Él es el Dios del cielo.

Él no está contra nosotros; está a nuestro favor.

Él es nuestro Padre.

Dios nos creó y después nos redimió. Nos adoptó como sus hijos, y no hay nada que pueda separarnos de su amor.

El Dios de toda la creación, quien gobierna el universo, es nuestro papá.

He sabido eso toda mi vida; pero fue necesario ser padre para poder comprender la profundidad de esta afirmación. Mis hijos son lo que más amo en el mundo entero. Sí, bromeo acerca de los retos de la paternidad, pero no cambiaría esos retos por ningún tipo de comodidad, ventaja o lujo. Amo a mis hijos. Punto.

Incluso a las 5 de la mañana, cuando ningún ser humano debería estar despierto, pero ellos sí lo están.

Incluso a las 11 de la noche, cuando quiero estar a solas con mi esposa, pero ellos siguen levantándose de la cama como si fueran personajes del juego "aplasta al topo".

Incluso, y especialmente, cuando están enfermos, o tristes, o tienen miedo y necesitan abrazar a alguien en quien puedan confiar.

Son míos, y nada podrá cambiar eso jamás.

Así es como se siente Dios con nosotros. Cuando oramos, no nos acercamos a Dios como si fuera nuestro jefe, nuestro capataz, o un juez que decidirá si nos condena o nos absuelve, sino como sus *hijos*. Piensa en eso por unos minutos.

Inspira: *Soy hijo de Dios.*

Expira: *Estoy seguro en su presencia.*

Creo firmemente que, si pudiéramos comprender esta sencilla verdad, todo cambiaría. ¿Cuánta preocupación, culpabilidad, temor y condenación cargamos porque vemos a Dios como todo, menos como un Padre?

La segunda parte de este versículo dice: "Santificado sea tu nombre". Santificar algo es reconocer que es santo. La santidad de Dios es una parte integral de quién Él es, y nuestra relación con Él se basa en ella. Esto nos recuerda otra verdad de la que a menudo nos olvidamos: no se trata de nosotros.

Nuestras oraciones suelen surgir de nuestras necesidades y deseos. Eso es normal y no tiene nada de malo, pero significa que lo más probable es que nosotros seamos a veces el centro de nuestras propias oraciones.

Uno de los aspectos más importantes de la oración es que nos ayuda a reenfocar nuestra vida. A través de ella nuestra perspectiva cambia, y pasamos de enfocarnos en nuestra debilidad a enfocarnos en su grandeza, de enfocarnos nuestros fracasos a hacerlo en su santidad, de nuestra necesidad a su provisión, y de nuestras metas a sus propósitos.

No importa qué palabras escojas para orar, pero comienza con estas dos verdades: Dios es nuestro Padre, y la vida no se trata solo de mí. Es una manera poderosa de empezar a ver la realidad como Dios la ve.

Si puedes, tómate un momento ahora para hacer de esto algo personal. Medita en lo que significan para ti las verdades de esta primera frase, y pasa unos momentos orando por ellas. Puede ser que necesites darle las gracias a Dios, pedirle que te ayude a entender estas verdades, o algo completamente diferente. Depende de ti y no hay guion.

PONIENDO EN PRÁCTICA EL PADRE NUESTRO

PADRE NUESTRO QUE ESTÁS EN LOS CIELOS

+ ¿Qué emociones vienen a mi mente cuando me dirijo a Dios como "mi Padre"?

+ ¿Cómo me ve Él?

+ ¿Qué derechos y beneficios tengo como hijo de Dios?

SANTIFICADO SEA TU NOMBRE

+ ¿Cuán grande y poderoso es Dios para mí?

+ ¿He hecho que mi vida gire demasiado en torno a mí mismo?

+ ¿Dónde está mi enfoque, en Dios o en mí? ¿Querrá Él que cambie algo en mi perspectiva?

"VENGA TU REINO, HÁGASE TU VOLUNTAD"

La segunda frase del Padre Nuestro dice: "Venga tu reino, hágase tu voluntad en la tierra como en el cielo".

Eso no significa que Dios no sea soberano aquí en la tierra. Por el contrario, es reconocer la realidad actual del pecado, la vergüenza, la enfermedad, el odio, y tantas otras cosas que no hay en el cielo.

En medio de ese caos, le estamos pidiendo a Dios que siga siendo igual de soberano, igual de poderoso, e igual de victorioso, como si ninguna de esas cosas tuviera poder alguno.

Porque no lo tienen. Bueno, sí y no al mismo tiempo. Por un lado, el dolor y el mal de este mundo tienen consecuencias reales, y eso no podemos negarlo; recordemos que la oración debería reconciliarse con la realidad, no ignorarla. Pero, por otro lado, nada que enfrentemos en esta vida es más grande que Dios.

La verdadera realidad es que Dios es más poderoso que nuestras circunstancias. Ese es el objetivo de esta frase: reconocer la soberanía de Dios, porque nada puede hacerle frente. Nada resiste delante de Dios. No hay fracaso, debilidad, enemigo o problema que se escape de su poder y autoridad.

Por lo tanto, cuando nos acercamos a Dios en oración, lo hacemos reconociendo que Él tiene todo lo que necesitamos.

Observemos que, hasta ahora, la oración ni siquiera ha mencionado nuestras necesidades, caprichos o deseos. "Padre nuestro que estás en el cielo, santificado sea tu nombre, venga tu reino, hágase tu voluntad en la tierra como en el cielo". La oración comienza reconociendo quién es Dios y rindiendo nuestra voluntad ante la suya.

Ahora bien, tus oraciones no tienen por qué comenzar siempre desde esta perspectiva elevada y madura. De hecho, muchas de las mías no lo hacen. Empiezan con algo más parecido a esto: "Querido Jesús... ¡ayuda!". Y sé que no soy el único que ora así. Como vimos antes, David hacía oraciones SOS todo el tiempo. Solo hay que leer el libro de Salmos.

Sin embargo, si no estamos en un momento de crisis, orar para que se haga la voluntad de Dios antes de sacar la lista de necesidades es un buen hábito. Es una forma de recordarnos a nosotros mismos que no somos los importantes en esta relación, que no somos expertos en la vida, y que nuestros deseos no son sus órdenes.

Dejar que Dios sea Dios es algo bueno, porque a nosotros se nos daría fatal hacer ese trabajo.

Imagina si niños de cinco años gobernaran el mundo por un día, y todas las ideas que tuvieran fueran ejecutadas directamente por los adultos. Por un lado, podría ser lo más entretenido del mundo; por otro lado, no pasaría mucho tiempo hasta que el mundo se sumiera en un completo caos. La escuela pasaría a ser ilegal, de los grifos saldría leche con sabor a chocolate, y no habría hora de irse a la cama.

Los niños necesitan a los adultos porque no son los mejores jueces de sus propias necesidades, y la diferencia en madurez y sabiduría entre un niño y un adulto ni siquiera se compara con la diferencia entre Dios y nosotros. Orar para que se haga su voluntad nos recuerda que no somos tan inteligentes como decimos en nuestra biografía de Twitter o como parece según nuestro currículum.

Además, observemos que la frase no dice: "hágase tu voluntad en mi vida, Dios, porque mi vida es lo que realmente importa".

Dice "en la tierra".

Tus problemas y necesidades son reales, y son casi tan importantes como los míos. Es broma, por supuesto, pero así es como tendemos a pensar ¿no es cierto? Nuestros problemas toman preferencia ante los de los demás.

Dios, como era de esperar, tiene una perspectiva más amplia. Y la oración nos ayuda a alejarnos un poco para poder ver el cuadro completo.

Es asombroso cuando lo pensamos. Jesús nos está pidiendo que colaboremos con Dios a través de la oración no solo para que nuestras necesidades sean suplidas, sino también para que podamos ver su reino (su poder, su amor, su gloria y su propósito) cumplido en la tierra. Esa revelación añade otra dimensión a nuestras oraciones.

PONIENDO EN PRÁCTICA EL PADRE NUESTRO

VENGA TU REINO, HÁGASE TU VOLUNTAD EN LA TIERRA COMO EN EL CIELO.

+ ¿Estoy comprometido a obedecer a Dios?

+ ¿Confío en Él lo suficiente como para hacer lo que dice?

+ En específico, ¿cuál es la voluntad de Dios para mi familia hoy?

+ ¿Cuál es su voluntad en mi trabajo, mi escuela o mis amistades?

+ ¿Cuál es su voluntad en el mundo que me rodea, tanto localmente como globalmente?

"DANOS HOY NUESTRO PAN COTIDIANO"

La siguiente frase dice: "Danos hoy nuestro pan cotidiano", pero el significado más profundo no es el pan (todos los que no comen gluten pueden respirar tranquilos), sino todo lo que necesitamos para vivir. Son las cosas esenciales que Dios sabe que debemos tener, como comida, agua, ropa, techo… y café. Sobre todo café.

Hay varias verdades poderosas incorporadas en esta frase.

Lo primero es que hay atrevimiento. Jesús no dice que nos acerquemos a Dios como extraños que esperan un favor, sino como hijos e hijas que tienen la certeza de que Él suplirá nuestras necesidades.

Porque eso es lo que hacen los papás.

Lo segundo es que hay sinceridad. No hay rodeos ni tampoco hace falta fingir que nuestras necesidades no existen o no importan. Dios no solo tolera tus peticiones sino que te anima a hacerlas y *espera* que las hagas, así que no pienses que no importas. Eres hijo de Dios, y Él se deleita en suplir tus necesidades.

Recuerda: ora por todo y no te preocupes por nada.

Sé genuino, sincero y específico, aunque eso, por supuesto, no obliga a Dios a hacer todo lo que pidas. Él puede decir "No", "Espera" o incluso "¿Me estás tomando el pelo?", y a veces lo hace. Pero la sinceridad es el sello de una relación auténtica, así que no tengas miedo a serlo.

Tercero, es algo diario. Pareciera más eficiente decir: "Dios, ¿podrías por favor ocuparte de todas y cada una de las necesidades que tendré cada día a lo largo de toda mi vida? Gracias, amigo. Ya nos veremos en la eternidad", pero no es así como funciona la oración.

Porque tampoco es así como funcionan las relaciones.

Y Dios tampoco actúa así, sino que Él suple nuestras necesidades a diario. Con mucha frecuencia, solo se ocupa de las necesidades de ese día.

Eso podría asustarnos. No tener seguridad en cuanto al futuro puede dar miedo.

Sin embargo, si pensamos en ello un poco más, nos daremos cuenta de que tenemos *completa* seguridad en cuanto al futuro. Las promesas de Dios son fieles y verdaderas para siempre, y por eso Él no tiene que darnos el pan de todo el año hoy (¿Qué haríamos con tanto pan? ¿Abrir una panadería? ¿Dar demasiada comida a los patos del parque?).

Podemos estar seguros de que Él suplirá nuestras necesidades: todas y cada una de ellas, todos los días, durante el resto de nuestra vida.

La oración diaria por esas necesidades nos acerca más a Dios que cualquier otra cosa, y nos recuerda que seguimos necesitándolo. También nos ayuda a ver cómo Él suple nuestras necesidades una y otra vez.

¿Qué tienes en tu lista de necesidades para hoy? Si eres como yo, hay muchas cosas. No pasa nada. Sin embargo, normalmente hay una o dos cosas que desencadenan más ansiedad, confusión o temor.

Comienza por esas, profundizando en ellas. Comparte con Él no solo las necesidades, sino también las emociones que surgen cuando piensas en ellas.

Acércate ante Él con confianza. Me encanta este mensaje de ánimo del autor de Hebreos: *Así que acerquémonos confiadamente al trono de la gracia para recibir misericordia y hallar la gracia que nos ayude en el momento que más la necesitemos* (4:16).

No te preocupes por nada porque oras por todo. Aplica eso donde es más necesario: las cosas que necesitas hoy.

PONIENDO EN PRÁCTICA EL PADRE NUESTRO

DANOS HOY NUESTRO PAN COTIDIANO.

- ¿Qué me preocupa ahora mismo?
- ¿Cuáles son mis necesidades urgentes físicas o financieras?
- ¿Qué necesidades tienen mi familia o mis amigos?
- ¿Qué cosas debería estar haciendo en relación con mis necesidades, sabiendo que Dios está obrando a mi favor?

"PERDÓNANOS NUESTRAS DEUDAS"

La siguiente frase dice: "Perdónanos nuestras deudas, como también nosotros hemos perdonado a nuestros deudores". *Deudas* no se refiere literalmente a dinero que se nos debe. Hace referencia a cualquier cosa que alguien haya hecho para hacernos daño u ofendernos.

Ya hablamos de esto cuando vimos las oraciones que eran una pérdida de tiempo. Si estamos llenos de amargura u ofensa, Dios quiere que lo resolvamos y no que lo ignoraremos. Para Dios, es prioritario que vivamos en paz con nuestros hermanos y hermanas.

Si somos sinceros con nosotros mismos, sabemos que necesitamos la gracia de Dios. Sabemos que nos hemos equivocado, aunque los demás no. Por eso tenemos el evangelio.

La palabra *evangelio* significa literalmente "buenas noticias", y la buena noticia es que Dios no nos culpa por nuestros fracasos, pecados, errores o debilidades. Él hizo borrón y cuenta nueva.

Por supuesto, después de que Dios borra todo, a menudo nosotros volvemos a garabatear. Codiciamos, odiamos, damos lugar a la lujuria, mentimos, perdemos los papeles cuando hay tráfico, gritamos al perro, o bebemos café descafeinado, por ejemplo.

Y Dios perdona todo eso de nuevo. No nos acusa, y tampoco hace captura de pantalla de nuestro pecado antes de borrarlo por si acaso necesita mostrárnoslo luego. Él nos perdona.

Es maravilloso, ¿cierto?

Y después nos pide que tratemos a los demás con el mismo amor.

¡Ufff!

Me gusta mucho más recibir el perdón que darlo.

Sin embargo, Dios es muy claro al respecto: Él espera que perdonemos a aquellos que pecan contra nosotros. Y no es para que puedan seguir con su vida sin consecuencias, ni para que puedan seguir haciendo daño a otros. Tampoco es porque tú no importas, o porque merecías lo que te hicieron. Todas esas afirmaciones son totalmente falsas (de nuevo, puedes revisar el capítulo 13. Los cristianos a veces tenemos ideas equivocadas acerca de este tema, y eso puede conducir a la tolerancia de situaciones de abuso).

Los psicólogos definen el perdón como una decisión consciente de soltar sentimientos de venganza o resentimiento que albergamos hacia alguien que nos ha hecho daño, independientemente de si merece perdón o no.[22]

El perdón es para ti. Cuando liberas a la persona que te hizo daño, le quitas el control de tu corazón, de tus pensamientos, de tus emociones, de tu pasado y de tu futuro. Reconoces la ofensa y el dolor que causó, pero te niegas a permitir que controle el resto de tu vida.

En el perdón hay libertad.

¿A quién necesitas perdonar? Es una pregunta difícil, y yo no puedo responderla por ti, pero es necesario que te la hagas.

Ahora mismo, o cuando te sientes a orar, haz esta oración con valentía: "Dios, ¿a quién necesito perdonar? ¿Puedes ayudarme a hacerlo?".

Después, siéntate y escucha. Llora si necesitas hacerlo, y busca ayuda si crees que es lo que necesitas. Confía en que tu Padre te ayudará a avanzar por el camino del perdón auténtico y encuentra la libertad que anhela tu corazón. El perdón es una puerta al gozo y a la paz.

---

22. "What is forgiveness?", *Greater Good Magazine*. https://greatergood.berkeley.edu/topic /forgiveness/definition.

PONIENDO EN PRÁCTICA EL PADRE NUESTRO

PERDÓNANOS NUESTRAS DEUDAS, COMO TAMBIÉN NOSOTROS HEMOS PERDONADO A NUESTROS DEUDORES.

+ ¿Qué personas o circunstancias me han hecho daño?

+ ¿A quién necesito perdonar?

+ ¿Me cuesta perdonar? Si la respuesta es sí, ¿por qué?

+ ¿Qué necesito para empezar a sanar?

"NO NOS DEJES CAER EN TENTACIÓN"

La última línea dice: "Y no nos dejes caer en tentación, sino líbranos del maligno".

A pesar de lo que pueda parecer según algunas traducciones, Jesús no está sugiriendo que Dios nos tienta para que pequemos o nos hace fracasar; eso ni siquiera tendría sentido. La vida ya es difícil, como para encima tener a Dios mismo intentando hacernos tropezar. El apóstol Santiago se asegura de que entendamos bien esto cuando dice: *Que nadie, al ser tentado, diga: «Es Dios quien me tienta». Porque Dios no puede ser tentado por el mal, ni tampoco tienta él a nadie* (1:13).

Aunque hay diferentes opiniones acerca del significado de las palabras de Jesús en este pasaje, podríamos interpretarlas de la siguiente manera: "Dios, ayúdame a no caer cuando sea tentado".[23]

De forma constante enfrentamos situaciones difíciles. Podrían estar causadas por fuerzas externas, incluyendo circunstancias difíciles o incluso la influencia demoníaca. También podrían

---

23. Craig S. Keener, *The IVP Bible Background Commentary: New Testament*, Second Edition (Downer's Grove, IL: Intervarsity, 2014), "Matthew".

llegar de nuestros propios deseos, incluyendo los que son normales pero deben ser controlados y otros que simplemente son incorrectos. Así son probados nuestro carácter, nuestra fe, y nuestra determinación.

Dicho de otro modo, eso es la tentación.

La tentación de actuar como aquellos a quienes no nos queremos parecer.

La tentación de obtener lo que queremos utilizando los medios incorrectos.

La tentación de hacer cosas que en el fondo no queremos hacer.

La tentación de reaccionar de maneras que no se alinean con nuestros valores fundamentales.

La tentación de convertirnos en algo diferente a lo que Dios nos creó para ser.

Jesús nos dijo que oráramos por todo eso.

Jesús era sincero y no utilizaba eufemismos. Nos dejó claro que seguirlo a Él no siempre sería fácil, que la tentación es real, que el "maligno" (que hace referencia al diablo) ofrecerá resistencia, y que la fe en Dios no hace que todos los malos deseos desaparezcan como por arte de magia.

Ojalá fuera así. Me sentiría mejor conmigo mismo. De hecho, si nunca tuviera que luchar con la tentación o con el pecado, seguramente pensaría que soy un buen tipo con una vida bastante buena. Estaría orgulloso de mí mismo, sería arrogante, y seguramente sería un insoportable.

Bill Gates dijo una vez: "El éxito es un pésimo maestro. Seduce a personas inteligentes para que crean que no pueden perder".[24]

Si siempre somos los primeros de la clase, los reyes de la montaña, o la estrella del espectáculo, seguramente acabaremos estancados en nuestro crecimiento y con el ego por las nubes. Sin embargo, por eso podemos decir que nuestros fracasos y luchas nos hacen un favor: nos hacen regresar a la realidad.

Las limitaciones personales hacen que se nos acaben los recursos y eso es bueno, porque ahí es donde comienza la gracia.

Hay días en que los problemas parecen llegar como las olas, uno detrás de otro, revolcándonos una y otra vez en el agua. En esos momentos, cuando nos sentimos tentados a huir de lo que Dios nos ha llamado a hacer, a tomar un atajo que comprometería nuestra integridad, o simplemente a acurrucarnos en posición fetal e intentar sobrevivir, la oración es un salvavidas.

Jesús sabía que sus discípulos enfrentarían toda clase de pruebas y dificultades. Sabía que la mayoría de ellos daría su vida por el evangelio, y que en ocasiones tendrían ganas de tirar la toalla.

Él sabe que nosotros también nos sentimos así, y con delicadeza nos pide que llevemos esos sentimientos ante Él en oración.

Dios promete ayudarnos en los momentos difíciles: *Pero Dios es fiel, y no permitirá que ustedes sean tentados más allá de lo que puedan aguantar. Más bien, cuando llegue la tentación, él les dará también una salida a fin de que puedan resistir* (1 Corintios 10:13).

Dios está de tu lado y Él quiere que tengas éxito. Él está listo para ayudarte a vivir en victoria y a tener el gozo y la paz que fuiste creado para experimentar.

---

24. Lisa Rogak, ed., *Impatient optimist: Bill Gates in his own words* (London: Hardie Grant Books, 2012), p. 118.

PONIENDO EN PRÁCTICA EL PADRE NUESTRO

Y NO NOS DEJES CAER EN TENTACIÓN, SINO LÍBRANOS DEL MALIGNO.

+ ¿Qué circunstancias difíciles estoy enfrentando ahora mismo?

+ ¿Estoy fuertemente plantado en valentía, integridad y fe?

+ ¿Cómo están mis emociones y mis pensamientos?

+ ¿Me siento atacado? ¿Estoy respondiendo de la manera correcta?

+ ¿Me siento tentado en algún área? ¿En qué cosas necesito la ayuda de Dios para hacer lo correcto?

Ya sea que la oración es algo nuevo para ti o que sientas que aún te queda más por descubrir, el Padre Nuestro es un modelo práctico, sencillo, y a la vez profundo.

Te animo a intentar orar de esta manera, repasando cada frase. Toma el tiempo para pensar en cada concepto, meditando en ellos y personalizándolos.

No te limites a las ideas y preguntas de este capítulo; son solo mis reflexiones para que tengas algo para empezar. Es para que la bola comience a rodar por la pista de la bolera, por así decirlo. Mientras más uses esta oración, más cosas descubrirás y aprenderás de ella.

Hace dos mil años atrás, los discípulos le pidieron a Jesús: "Señor, enséñanos a orar".

Él lo hizo, y sigue enseñándonos hoy.

─── DIECISÉIS ───

Estas oraciones son peligrosas

En el año 1950, un teólogo brillante y creativo llamado C.S. Lewis escribió un libro para niños titulado *El león, la bruja y el armario*, que era parte de una serie de libros sobre el reino ficticio de Narnia. Puede que hayas leído el libro, o al igual que yo, hayas visto la película. Además de ser una historia estupenda en sí misma, es una alegoría acerca de muchos de los elementos de la fe cristiana.

En cierto momento, los cuatro protagonistas (cuatro hermanos llamados Lucy, Edmund, Susan y Peter) conocen a una pareja de castores que hablan llamados señor y señora Castor (como no podía ser de otra manera). Los niños han escuchado rumores de que el gran rey Aslan (que representa a Jesús en la historia) regresará para hacer justicia y liberar a Narnia de las garras de la malvada Bruja Blanca.

Los niños le preguntan al señor Castor acerca de Aslan, y él les da una noticia que les agarra por sorpresa: Aslan no es humano. En sus propias palabras:

—Aslan es un león, *el* león, el gran león.

—¡Ooh! —dijo Susan—. Pensaba que era un hombre. ¿No es peligroso? Me pone un poco nerviosa la idea de encontrarme con un león.

—Lo entiendo, querida, y es comprensible —indicó la señora Castor—. Si existe alguien capaz de presentarse ante Aslan sin que le tiemblen las rodillas, o bien es más valiente que la mayoría o es sencillamente un necio.

—Entonces ¿es peligroso? —dijo Lucy.

—¿Peligroso? —contestó el señor Castor—. ¿No has oído lo que ha dicho la señora Castor? ¿Quién ha dicho que no sea peligroso? Claro que es peligroso. Pero es bueno. Es el Rey, ya os lo he dicho".[25]

Me encanta eso: Jesús es bueno, pero es "peligroso". Eso significa que no está domesticado; no es una mascota a la que se pueda controlar, predecir o someter.

La mayoría de los cuadros y dibujos de Jesús lo muestran sereno e incluso distraído, posando pasivamente para el artista con ojos tristes y un aura de luz alrededor de su cabeza (también suele ser de raza blanca, cabello rubio y ojos azules, lo cual también es una falacia).

Pero el Jesús real no se parecía en nada a un caucásico misterioso y ausente. Jesús era fuerte, activo, y estaba presente en el momento. Era un trabajador de clase obrera que se sentía cómodo cerca de los pescadores, jornaleros y demás personas toscas. Era directo, provocador, y en ocasiones hasta sarcástico. Hacía reír a la gente y también los incomodaba. Jesús sanaba a la gente, resucitaba a los muertos, y echaba fuera demonios. Traía el cielo a la tierra de manera tan real, que a veces hasta asustaba a la gente.

Sí, en Jesús hay seguridad. Él es un lugar seguro porque es fuerte, fiel y digno de confianza, pero si tu idea de "no peligroso" es un dios

---

25. C. S. Lewis, *The Lion, the witch and the wardrobe* (New York: Scholastic, 1995), pp. 79–80.

al que puedes llevar con una correa, entonces deberíamos decir que Jesús es peligroso. Igual que lo sería pasear a un león.

Y la oración también lo es.

En la oración interactuamos con el Dios indómito e indomable que creó el universo, que envió a Jesús a morir en nuestro lugar, que puede hacer milagros y los hace, que nos conoce mejor que nosotros mismos, y que no tiene ningún problema en meterse en nuestros asuntos.

En este capítulo quiero que analicemos algunas oraciones que yo llamo oraciones peligrosas. Son oraciones de compromiso, de rendición, de dedicación, de arrepentimiento, oraciones transparentes, y oraciones por nuestros enemigos.

Son oraciones peligrosas porque te llevarán a lugares que tal vez no esperabas, pero no te arrepentirás. La oración es peligrosa, pero es buena.

1. NO SE HAGA MI VOLUNTAD, SINO LA TUYA

¿Recuerdas la frase icónica de "Como desees" que Wesley le repetía a la princesa en *La princesa prometida*?

La última vez que dijo esa frase fue más parecido a "¡COMO DESEEEEEEEES!", porque Wesley lo gritaba mientras caía por una ladera al pantano de fuego. Ese es el momento cumbre en el que la princesa se da cuenta de que su amor verdadero había regresado; y ella lo había empujado por un barranco.

El amor verdadero duele, por lo visto.

El amor verdadero también se rinde a otro. No de manera tóxica, ciega y codependiente sino de manera fiel, con un pacto, y lleno de confianza. Es decir: "Como desees" como parte de una rendición mutua.

Dios quiere que nos rindamos a Él de esta manera. ¿Por qué? ¿Porque es un déspota? ¿Porque es un tirano celestial obsesionado con el control?

No. Es porque nos ama, y nosotros lo amamos a Él. En un sentido, es una rendición mutua porque Dios ya ha prometido estar con nosotros, cuidarnos, escucharnos y respondernos. Él ha escogido unirse a nosotros, lo cual es increíble.

Estamos en una relación de compromiso, y para que esa relación aguante pantanos de fuego, roedores gigantes, y los altibajos de la vida normal, tiene que haber confianza.

Rendirse significa ceder el control o la posesión de algo. Si alguna vez has orado el Padre Nuestro (en el último capítulo, por ejemplo), le has pedido a Dios lo siguiente: "Hágase tu voluntad en la tierra como en el cielo". Eso es rendirse, aunque sea en términos generales.

Rendirse, sin embargo, debe ser algo mucho más personal que una oración estándar por todo el planeta. Implica pedirle a Dios que haga su voluntad en las decisiones prácticas que tomas en tu día a día: finanzas, matrimonio, carrera profesional, carácter o amistades. Se trata de rendirse motivado por el amor y la confianza.

Jesús oró de ese modo. ¿Recuerdas en el jardín de Getsemaní, justo antes de ir a la cruz? *Padre mío, si es posible, no me hagas beber este trago amargo. Pero no sea lo que yo quiero, sino lo que quieres tú* (Mateo 26:39).

Es fácil pensar que Jesús era una deidad carente de emociones a quien realmente no le importaba morir; al fin y al cabo, para eso vino a la tierra; y además sabía de antemano todo lo de la resurrección que iba a ocurrir después.

Pero Jesús era tan humano como tú y yo: tenía sensaciones físicas y debilidades corporales, experimentó emociones, y sabía lo que le esperaba cuando fue arrestado.

Según Mateo, Jesús le pidió a Dios tres veces que no lo enviara a morir la noche en que fue arrestado, pero todas las veces terminaba la oración con una variación de la frase: *"Que se haga tu voluntad"* (vv. 39, 42 y 43).

Es poco probable que cualquiera de nosotros enfrente la pena de muerte por obedecer a Jesús. Nuestras dificultades son reales, pero por lo menos no incluyen la crucifixión. Aun así, para nosotros esta oración sigue siendo igual de relevante, potente y poderosa; y también difícil. Nos gusta aferrarnos a nuestros planes y nuestras preferencias, especialmente si sentimos que la voluntad de Dios va a ser dolorosa.

Esta oración es poderosa porque implica que escogemos conscientemente someternos al plan de Dios a pesar de ver que seguramente no nos va a gustar; por lo menos, no al principio.

La protagonista de esta oración es la confianza. En realidad *todas* las oraciones implican confiar, pero esta todavía más. Con esta oración realmente probamos si vamos en serio: cuando escogemos su camino aunque veamos que la dirección es la opuesta a la que nos gustaría. Esa es la esencia de la confianza.

¿Has hecho esta oración? Si no lo has hecho, ¿estás preparado para hacerla? No hace falta elocuencia, experiencia o conocimiento; solo tu corazón. Estar dispuesto a someter tus planes a los de Él y seguir su camino aunque sea doloroso.

Y puede que haya dolor. El dolor es parte de todos los caminos, por lo que tampoco lo evitarás haciendo las cosas a tu manera. El camino de Dios es algo de lo que, al final, nunca te arrepentirás.

Es probable que ya hayas hecho alguna oración de rendición. El día que decidiste hacerte cristiano, dijiste algo como: "Jesús, te necesito. Te invito a ser mi Señor y Salvador". Le pediste a Dios que se convirtiera en el Señor (jefe, cabeza y dueño) de tu vida.

Cuando rendimos nuestras vidas a Dios, Él no tomó el control como un piloto que opera un dron. Seguimos teniendo libre albedrío. Dios nos creó a su imagen, y parte de esa imagen es la capacidad de tomar decisiones.

Pero sí nos rendimos, y le entregamos el señorío de nuestras vidas a Dios, pasamos a ser de Él.

La rendición, sin embargo, no es algo que se hace una sola vez. Cuando hicimos esa primera oración, seguramente no entendíamos todas las repercusiones. No estábamos listos para entregarle a Dios ciertas partes de nuestro mundo, aunque fuera sin darnos cuenta.

Dios sí lo veía, pero nos aceptó igualmente. Entonces, se puso a trabajar.

Desde el día de esa primera oración hasta ahora (y hasta el día en que nos reencontremos con Él en el cielo), Dios está comprometido con el arte de la persuasión paciente, revelándonos las áreas que todavía tenemos que entregarle.

A Dios le importa nuestra vida y también las de quienes nos rodean. Él sabe que nosotros solos no siempre tomaremos las mejores decisiones. Fuimos creados para estar con Dios, para seguirlo y aprender de Él; no para ser mini dioses independientes que intentan vivir la vida a su manera.

¿Qué hace Dios para convencernos tiernamente de que rindamos nuestra voluntad a la suya? A menudo, Él usa la oración. Incontables veces me he acercado a Dios en oración porque necesitaba algo y, como resultado, Él me ha señalado un área de mi vida que no estaba tan rendida como yo pensaba.

Cuando eso ocurre, inmediatamente le entrego esa área a Dios con humildad y madurez, y sigo adelante sin volver a luchar con eso nunca más.

Sí, claro.

Lo que realmente hago la mayoría de las veces es explicarle a Dios por qué está equivocado y por qué mi amargura, egoísmo o ansiedad están justificados. Por supuesto que no lo digo así, pero eso es lo que hago.

Eso nunca funciona. Antes o después Dios toca mi corazón y me ayuda a ver las cosas a su manera.

En el fondo, quiero hacer lo correcto, como tú. Sé que el camino de Dios será mucho mejor que el mío; por lo tanto, aunque la mayoría de las veces mi respuesta inicial esté lejos de ser ejemplar, realmente intento rendir mi actitud o mis planes a Dios.

Eso lo hago a través de la oración.

No hay una fórmula para este tipo de oración, y la clave no son tus palabras sino tu corazón.

Por cierto, rendirse no significa que ya no tenemos ninguna responsabilidad en un área. No podemos decir: "Decido rendir mis finanzas a Dios", y después sacar la tarjeta de crédito y comenzar a cargar todo en "la cuenta del reino".

Rendirse tampoco significa dejar de sentir emociones acerca de lo que Él nos está pidiendo que soltemos. De hecho, rendirse seguramente traerá consigo emociones bastante fuertes.

Implica que conscientemente te entregas a Dios, y lo haces junto con todas las emociones, planes, deseos y experiencias.

¿Cuándo fue la última vez que hiciste eso? La próxima vez que ores, te animo a hacer este tipo de oración. Pregúntale a Dios: "¿Hay algo a lo que me haya estado aferrando en lugar de rendirlo a ti?".

Esa oración es peligrosa. Requiere ceder el control y a ninguno nos gusta eso, pero todos lo necesitamos.

Rendirse parece peligroso, pero es bueno para el alma.

2. LO SIENTO, POR FAVOR, PERDÓNAME

Es posible que hayas escuchado que las dos palabras más importantes en una relación son: "Te amo". Sin embargo, eso no es correcto.

Las dos palabras más importantes son: "Comamos tacos". No hay mejor manera de decir te amo que con tacos.

Bueno, solo hay una frase que es más importante. No es fácil decirla, pero es posible que haya rescatado más relaciones que cualquier otra (incluyendo la oferta de tacos).

"Lo siento".

Si has estado en una relación que haya durado más de tres días, lo más probable es que tú o la otra persona haya hecho algo que molestó, frustró, hirió, confundió o insultó a la otra. Nosotros los humanos tenemos una habilidad increíble para ponernos de los nervios los unos a los otros.

A menudo, nuestra primera respuesta después de equivocarnos es protegernos. Escondemos lo que hemos dicho, lo negamos, cambiamos la historia para que parezca culpa de la otra persona, culpamos a una tercera parte o cualquier otra cosa.

Eso podría proteger nuestro ego; pero no ayuda en nada a nuestras relaciones. Las relaciones realmente se desarrollan solo cuando estamos dispuestos a tomar responsabilidad por nuestros fallos, admitir nuestros errores y decir "lo siento".

Esta dinámica también existe en nuestra relación con Dios. ¿Quieres una relación con Dios íntima, abierta y llena de confianza? Si la respuesta es sí, entonces la sinceridad es vital. Eso es especialmente cierto cuando hemos hecho algo mal.

Rendirse parece peligroso, pero es bueno para el alma.

Por eso la confesión y el arrepentimiento son tan importantes.

Confesar es admitir nuestros fallos y fracasos: "Hice esto. Dije lo otro. Fui allí. Respondí de esta forma. Tomé esa decisión". La confesión tiene que ser específica, personal y sincera.

El arrepentimiento lleva esto un paso más allá; significa estar dispuesto a actuar de forma diferente de ahora en adelante: "Quiero cambiar. No quiero volver a hacer eso. Voy a mejorar cada día".

No se puede tener el uno sin el otro en una relación saludable. Admitir nuestros fallos y estar dispuestos a cambiar es esencial.

Lo maravilloso es que, a diferencia de las relaciones humanas, podemos confesar nuestros fallos y errores a Dios sin temor a que nos rechace. Él ya sabe lo que hemos hecho, para empezar, y además ya nos ha perdonado.

Nuestra confesión no es para que Dios sepa lo que hemos hecho. Es más por nuestro propio bien; para reconocer ante nosotros mismos y ante Dios que hemos fallado y que necesitamos su misericordia.

Antes cité Hebreos 4:16: *"Así que acerquémonos confiadamente al trono de la gracia para recibir misericordia y hallar la gracia que nos ayude en el momento que más la necesitemos"*. La expresión *trono de la gracia* me tranquiliza de manera indescriptible. Dios es el juez, su salón del trono es el juzgado, y su trono es el lugar de juicio. Por eso es tan increíble que sea un trono de *gracia*.

No es un trono de ira.

No es un trono de castigo.

No es un trono de condenación.

Ni siquiera es un trono de exasperación o fastidio.

Es un trono de gracia.

Cuando confieso a Dios mis pecados, debilidades, fracasos o faltas, su respuesta es pura gracia. Esa reacción llena de gracia es lo que nos da la confianza de acercarnos a Él. Sabemos que su primera reacción no será castigarnos sino ayudarnos.

Observemos que el versículo no describe una gracia que nos soporta a nosotros y nuestros fracasos, sino una gracia que "nos ayuda en el momento que más la necesitemos".

La gracia es más que solo la paciencia de Dios. La gracia es el poder de Dios que actúa activamente para darnos fuerzas cuando más débiles somos.

¿Hay algo que tengas que confesar a Dios? ¿Te estás aferrando a alguna actitud, algún hábito, o algún plan que sabes que no refleja quien eres en Cristo?

Llévalo ante Dios en oración. No fuiste diseñado para cargar tú solo con tus debilidades. Son una carga pesada que ni quieres ni necesitas, así que confiésalas a Dios. Pide ayuda y espera su gracia; al fin y al cabo, Él la prometió.

Después, deja atrás el pasado. Dios no te juzga por ello, así que tampoco lo hagas tú.

La confesión y el arrepentimiento nos llevan a la gracia, la gracia nos da esperanza, y la esperanza apunta hacia el futuro.

3. AQUÍ ESTOY, ENVÍAME A MÍ

En una ocasión, el profeta Isaías tuvo una visión en la que Dios preguntaba por alguien que estuviera dispuesto a ser su mensajero para Israel. La respuesta de Isaías fue: *Aquí estoy. ¡Envíame a mí!* (Isaías 6:8). Dios lo envió, e Isaías se convirtió en uno de los profetas más conocidos de la historia.

Esa oración (*Aquí estoy. ¡Envíame a mí!*) es peligrosa. Es una renuncia a una vida predecible y cómoda a favor de una aventura con Dios hacia lo desconocido.

A menudo se usa en el contexto de las misiones en el extranjero. Pero la oración es mucho más amplia que eso. Al fin y al cabo, Isaías pasó la mayor parte de su vida ministrando a su propio pueblo y en su propio país.

El enfoque central de "envíame a mí" no es la geografía; es el *propósito*. Puede que no termines a miles de kilómetros de tu casa, comiendo cosas inidentificables y aprendiendo de manera urgente la palabra *baño* en un idioma extraño. Puede que ni salgas de tu comunidad.

Incluso me atrevería a decir que, si no puedes servir a tu comunidad local, no tiene sentido que des la vuelta al mundo. El mundo no va a conocer a Jesús a través de viajes misioneros por el hecho de llamarse "misioneros", actos de caridad que realmente son sesiones fotográficas, o por el complejo de salvador.

La gente verá a Jesús a través de tu amor.

Comienza amando a aquellos que tienes cerca, permite que Dios te envíe a tu vecino, a tu compañero de trabajo y a tu amigo. Tal vez te envíe a otro país, o tal vez no.

Pero te enviará, de eso puedes estar seguro.

Cuando le pides a Dios que te envíe, estás orando para que Él te use para mostrar su amor a otros. El enfoque de esa oración no son las tareas sino las personas. El propósito de Dios siempre está relacionado con personas.

Eso no significa que debas tener un tipo de personalidad específica. Tal vez te gusta conocer gente, estar en eventos sociales e interactuar con otros, o puede que seas de los que preferiría que su compañía en los eventos sociales fuera su gato.

Dios creó los dos extremos y todo lo que hay en el medio. Te creó a ti, y quiere enviarte a ti porque tienes algo que ofrecer a otros: tu personalidad, tus dones, tus experiencias, tu sabiduría, tu perspectiva y tu voz. Pero, sobre todo, tu amor.

Permitir que Dios te "envíe" no significa que nunca fracasarás. A veces fracasarás, como todos.

Tienes que creer que lo que aportas pesa más que tus errores. Obviamente, debes evitar todos los errores que puedas y aprender de los que sí cometas. No estoy justificando la incompetencia.

Sin embargo, creo que lo que nos falla no es tanto la *competencia* sino la *confianza*.

Debes saber el valor que aportas al equipo. Y, si alguna vez dudas de eso, acércate a Dios, que es el mejor entrenador, y permite que te dé un discurso motivacional en el vestidor.

Kobe Bryant fue uno de los mejores jugadores de básquet de todos los tiempos, y es uno de mis héroes. Es famoso por anotar un número increíble de puntos en cada partido, y también por fallar un número increíble de tiros. Actualmente ocupa el puesto número 4 de la historia de la NBA por más puntos anotados en su carrera[26] y el número 1 por más tiros fallados.[27]

¿Sabes por qué seguía tirando a canasta incluso con tantos fallos? Porque tenía un compromiso inamovible con la seguridad en sí mismo. No solo sabía que era bueno; también sabía que tenía que seguir recordándose a sí mismo que era bueno.

Chris Ballard, colaborador de la revista *Sports Illustrated*, destaca la mentalidad de Kobe acerca de la seguridad en sí mismo al recordar una conversación que tuvieron Kobe y el cineasta Gotham Chopra después de ver juntos un partido de básquet. Así es como describe ese intercambio:

> Chopra dijo: "Deron Williams encestó 0 de 9. Yo dije: '¿Puedes creer que Deron Williams encestó 0-9?'. Kobe dijo: 'Yo preferiría encestar 0-30 antes de hacer 0-9; 0-9 significa que te martirizaste y te convenciste a ti mismo para rendirte, porque Deron Williams podría haber hecho más tiros a canasta. La única razón para hacer eso es haber perdido la confianza en ti mismo'".[28]

26. "NBA Advanced Stats", NBA (2021), www.nba.com/stats.
27. "Kobe Bryant as missed the most career field goals, with 14,481 misses", www.statmuse.com /nba/ask/who-has-the-most-missed-field-goals-in-nba-history.
28. Chris Ballard, "Kobe Bryant on growing old, players he respects and finding his inner Zen", *Sports Illustrated*, 26 de agosto de 2014, https://www.si.com/nba/2014/08/26/kobe-bryant-lakers-dwight-howard-tony-allen-retirement.

No creo que Kobe intentara dejar mal a nadie; simplemente estaba diciendo que cualquier jugador que dejara de tirar a canasta después de nueve intentos fallidos ya se había rendido. Para Kobe, fallar los tiros no era fracasar, pero sí lo era no tirar.

Incluso la estrella del hockey, Wayne Gretzky, dijo: "Fallarás el 100 por ciento de los tiros que no hagas".

Ya sea que entrenes a un equipo, te unas a un grupo de mamás, hagas voluntariado en una comunidad de inmigrantes, o te mudes a un país nuevo, habrá personas a tu alrededor que necesitan lo que tú puedes aportar.

Te reto a hacer esta oración si estás preparado: "Aquí estoy Señor, envíame a mí". Y, si te gustan los deportes, también puedes decir: "Aquí estoy, entrenador. Sácame a jugar".

Tienes tiros que lanzar.

Tienes puntos que marcar.

Hay personas a las que debes ayudar.

Hay un mundo que necesita tu amor.

Es el momento de salir a jugar.

4. EXAMINA MI CORAZÓN

Otra oración que puede llevarte a lugares que no esperabas es esta: "Examina mi corazón".

Es una invitación a que Dios investigue tu ser interior: tus pensamientos, tus motivaciones y los secretos más profundos de tu corazón.

Las cosas de las que no quieres que nadie se entere.

Los temores que ni siquiera tú mismo reconoces o admites.

Las esperanzas enterradas en lo profundo de tu corazón.

Los sueños que piensas que nunca se cumplirán.

Dios no necesita tu permiso, por supuesto; Él ya lo ve todo. Por eso David escribió: *Señor, tú me examinas, tú me conoces. Sabes cuándo me siento y cuándo me levanto; aun a la distancia me lees el pensamiento* (Salmos 139:1-2).

Pero el mismo David escribió:

> *Examíname, oh Dios, y sondea mi corazón; ponme a prueba*
> *y sondea mis pensamientos. Fíjate si voy por mal camino, y*
> *guíame por el camino eterno.*   (Salmos 139:23-24)

No oramos para dar permiso a Dios para hablar, sino para reconocer que estamos escuchando.

Debemos verbalizar el deseo de que Dios nos conozca de manera profunda, auténtica y completa. Es necesario que lo escuchemos de nuestra propia boca, porque eso nos ayuda a estar listos para responder cuando Él hable.

Aunque Dios no se sorprenderá con lo que encuentre en nuestros corazones, nosotros tal vez sí.

Dios habló a través de Jeremías, un profeta que pasó años intentando que sus paisanos abrieran los ojos y vieran el pecado que los estaba destruyendo, diciendo: *Nada hay tan engañoso como el corazón. No tiene remedio. ¿Quién puede comprenderlo?* (Jeremías 17:9).

En otras palabras, al corazón humano se le da sorprendentemente bien el autoengaño. Creemos que nos conocemos a nosotros mismos íntimamente, pero a menudo ni siquiera sabemos cuánto no sabemos sobre nosotros.

Dios respondió a su propia pregunta a través de Jeremías: *Yo, el Señor, sondeo el corazón y examino los pensamientos* (17:10). Dios ve más allá de lo externo y va directo a nuestro corazón.

De nuevo te digo que esta oración no es fácil; pero es liberadora. Jesús fue quien dijo: *Y conocerán la verdad, y la verdad los hará libres* (Juan 8:32).

La verdad duele, y suscita emociones que seguramente no sean agradables, pero conduce a la libertad, que es mucho más valiosa.

Te animo a que apartes un tiempo para hacer esta oración. Si eres de los que les gusta escribir las cosas, asegúrate de tener contigo un cuaderno. Si prefieres las notas de audio o cualquier otra cosa, perfecto; busca lo que te funcione.

Después, en tus propias palabras, pídele a Dios que te examine y te diga lo que ve. Aquí tienes algunas maneras en las que podrías pedirlo, pero ten la libertad de añadir las tuyas. Después de orar cada pregunta, detente y escucha; no tengas prisa. Dale a Dios la oportunidad de susurrar su respuesta.

Querido Dios, examina mi corazón. Te doy acceso a todas las áreas de mi vida.

¿Qué piensas de mí?

¿Qué te encanta de mí?

¿Qué sueños y anhelos has puesto en mi corazón?

¿Alguna de mis acciones, suposiciones o actitudes está bloqueando mi habilidad para escuchar tu voz u obedecer?

¿Qué quieres decirme hoy?

Si te ayuda, escribe lo que creas que Él podría estar diciendo. No te preocupes por la ortografía, la gramática o la elocuencia; esto es solo para ti.

Simplemente escucha y sé libre.

5. PERDONA Y BENDICE A MIS ENEMIGOS

Jesús nació en una nación que estaba bajo la opresión del Imperio romano. Ellos anhelaban el día en que el Mesías llegaría para derrotar al enemigo y liberarlos, y habían dado por sentado que sería un héroe militar que los llevaría a la victoria en el campo de batalla y a restaurar la gloria del reino de Israel.

> La verdad duele, y suscita emociones que seguramente no sean agradables, pero conduce a la libertad, que es mucho más valiosa.

Jesús, sin embargo, tenía otro objetivo en mente. Él predicó un reino al revés en el que el resultado de morir es vivir, dar es mejor que recibir, y "perder" nos da la victoria.[29]

No tenía interés en derrotar a un ejército, sino que iba contra el poder del pecado.

Sus mensajes fascinaban a sus oyentes. Mientras que los pobres, débiles y oprimidos gritaban de alegría, los poderosos rechinaban los dientes.

Jesús, como siempre, estaba interesado en el corazón de las personas. No necesitaban un general; necesitaban un Salvador.

Durante uno de sus sermones más famosos, a menudo llamado el Sermón del Monte, Jesús hizo una afirmación que debió haber

---

29. Donald B. Kraybill, *The Upside-Down Kingdom* (Harrisonburg: Herald, 2011), pp. 15–16.

asombrado a todas y cada una de las personas que escuchaban. Hoy en día sigue siendo igual de asombroso.

> *Ustedes han oído que se dijo: "Ama a tu prójimo y odia a tu enemigo". Pero yo les digo: Amen a sus enemigos y oren por quienes los persiguen, para que sean hijos de su Padre que está en el cielo. Él hace que salga el sol sobre malos y buenos, y que llueva sobre justos e injustos.* (Mateo 5:43-45)

El pueblo esperaba oír que Dios iba a destruir a los enemigos de Israel; en cambio, se les dijo que los amaran. Que *oraran* por ellos. Además, no era el tipo de oración que dice: "Querido Dios, por favor mata a mis enemigos".

Jesús quería que amaran de verdad a sus enemigos, porque eso es lo que Dios hace.

¿Quieres ser como Dios? ¿Quieres comportarte igual que tu Padre celestial? Ama a tus enemigos. Perdónalos. Bendícelos.

La mayoría de nosotros nunca pisará un campo de batalla, ni tenemos personas planeando literalmente nuestra muerte. Eso espero, por lo menos.

Pero sí tenemos enemigos: personas que se oponen a nosotros, que nos han hecho daño, o que han abusado de nosotros: el compañero de trabajo que se llevó el mérito de algo que tú hiciste o saboteó tu ascenso; el jefe que usó su poder para manipularte o herirte; los amigos con los que ya no te hablas y que intentaron arruinar tu reputación; el socio que te engañó, o el familiar que abusó de ti cuando eras pequeño.

Esta oración es posiblemente la más difícil de este capítulo. Posiblemente también sea la prueba más fiel para saber si estamos aprendiendo a vivir como Cristo. Al fin y al cabo, Él lo practicó.

Cuando moría en la cruz, y mientras agonizaba, las únicas palabras que pronunció acerca de quienes lo habían maltratado fueron en forma de oración: *Padre [...] perdónalos, porque no saben lo que hacen* (Lucas 23:34).

Jesús nos pide que llevemos el perdón al extremo de buscar activamente el bien de aquellos que nos han hecho daño.

En este punto, seguro que ya estás diciendo: "¡Eso no es justo!". No, no lo es; y ahí está la clave. Dios no es justo con nosotros porque, si lo fuera, todos estaríamos muertos. Su modo de tratarnos no se basa en nuestras acciones sino en su carácter.

Y a nosotros nos llama a hacer lo mismo.

¿Es fácil? No. ¿Es divertido? La verdad que no. Pero es una de las cosas más liberadoras que harás en tu vida.

Antes hemos profundizado en el tema del perdón cuando hablamos de las oraciones de amargura y otras formas de orar inefectivas. Por favor, no me malentiendas; no creo que perdonar a tus enemigos implique fingir que son tus amigos o ignorar el daño que han hecho. Tampoco significa esconder tu trauma o callar tu voz. Eso es perdón tóxico, y no hace bien a nadie.

Pero lo que sí puedes hacer es entregar tus enemigos a Dios. Eso es lo que hizo Jesús: reconoció que Él no tenía que cargar con el peso de juzgarlos o castigarlos porque Dios es el juez supremo.

Pablo anima a los creyentes romanos a no devolver el mismo mal a sus enemigos, porque la Biblia dice: "No tomen venganza, hermanos míos, sino dejen el castigo en las manos de Dios, porque está escrito: *«Mía es la venganza; yo pagaré»*, dice el Señor (Romanos 12:19). Ya que Dios se encargará de la venganza, Pablo continúa diciendo: *«Si tu enemigo tiene hambre, dale de comer; si tiene sed,*

dale de beber. Actuando así, harás que se avergüence de su conducta».
No te dejes vencer por el mal; al contrario, vence el mal con el bien
(Romanos 12:20-21).

¿Se te ocurre alguien a quien podrías clasificar como enemigo?
Cuando piensas en esa persona, ¿qué emociones sientes? ¿Estás
dispuesto a poner esas emociones y esos recuerdos ante Dios?

Quizá te ayude hacer primero algunas de las oraciones que vimos
al principio de este capítulo (incluso algunas partes del Padre
Nuestro). Nuestra manera humana de pensar prefiere la venganza,
no la misericordia, para aquellos que nos han hecho daño. Puede
que tengas que hablar con Dios y escuchar su perspectiva durante
algún tiempo antes de que puedas orar con sinceridad por aquellos
que te han hecho daño.

Pero, cuando lo hagas, te sentirás liberado. La oración es sobrenatural, y orar como lo hizo Jesús (pidiendo que Dios perdone y
bendiga a tus enemigos) puede desatar sanidad, gozo y paz en tu
interior. Y ¿quién sabe? Tal vez incluso un enemigo se convierta
en amigo.

_____

Todas estas oraciones ("hágase tu voluntad", "lo siento", "envíame
a mí", "examina mi corazón" y "bendice a mis enemigos") son peligrosas. Parecen arriesgadas, y no en el sentido de que algo malo
pueda ocurrir, sino que es como renunciar al control, o por lo
menos al sentimiento de tener el control.

Estas oraciones te sacan de la barca y te sitúan sobre el agua con
Jesús. Te piden comprometerte con los caminos de Dios y vivir
como Jesús vivió. Te invitan a quitar las capas superficiales de la
religión y rendir tu corazón, tu alma, tu mente y tus fuerzas a Dios.

Sí, asustan y son impredecibles.

Pero también son liberadoras.

Y transforman tu vida.

Y te liberan.

Y traen sanidad.

Y te llenan de amor.

Y de valentía.

¿Estás listo?

DIECISIETE

¿Qué hay en el menú?

En tiempos recientes, hice un trabajo de investigación académica sobre el tema de hablar. Por investigación me refiero a que escribí en Google "Cómo hablar con...", y me fijé en las cinco primeras sugerencias de búsqueda que me dio.

Estas eran las sugerencias de Google:

+ "Cómo hablar con cualquier persona".
+ "Cómo hablar con chicas".
+ "Cómo hablar con alguien de Hacienda".
+ "Cómo hablar con muchachas en las fiestas".
+ "Cómo hablar con Siri en Android".

Al parecer, Google ha llegado a la conclusión de que no tengo ni amigos ni esposa, debo dinero en impuestos y engaño a Siri. Y luego hablan de inteligencia artificial.

Esos son los primeros resultados que mi buscador me mostró, así que deben ser valiosos para muchas personas. Pero hay uno que no han puesto y que debería estar en el top cinco de cualquier persona: cómo hablar con Dios.

En un sentido es fácil, por supuesto, porque todos sabemos hablar; sin embargo, también sabemos que cada circunstancia requiere hablar de forma diferente (por eso, negociar con agentes del gobierno que trabajan con impuestos y coquetear en una fiesta son dos búsquedas de Google muy diferentes. Son dos mundos completamente opuestos).

Hablar es en sí una de muchas maneras de comunicarse. Todas las parejas casadas saben que los intercambios verbales suponen el uno por ciento de la comunicación matrimonial, porque tu cónyuge puede leer tus ojos, tu cara, tu mente y hasta tu alma. A veces da un poco de miedo.

Si la comunicación humana es tan colorida y variada, ¿por qué suponemos que la oración es plana y unidimensional? He conocido personas que piensan que orar es hablar con Dios de rodillas al lado de la cama en la noche. Punto. O que solo se puede hablar con Dios en un espacio específico de treinta segundos durante la reunión de domingo, cuando el pastor ora con la congregación.

Eso no podría estar más lejos de la verdad. Como en todas las relaciones, hay incontables maneras creativas de orar.

Si la oración fuera el menú de un restaurante, no sería como el de In-N-Out. Sería como el de Cheesecake Factory. No estoy criticando a In-N-Out, pues ellos han simplificado a propósito su menú y eso les funciona. Pero ¿Cheesecake Factory? En serio, tienen treinta y cuatro opciones tan solo en la sección de tarta de queso del menú. Yo ni siquiera sabía que eso era posible.

Estoy casi seguro de que el cielo tiene un Cheesecake Factory.

Igual que ocurre con la tarta de queso, hay más formas de orar de las que crees. Cada personalidad, situación o necesidad necesita enfoques diferentes de la oración. En las próximas páginas exploraremos algunos de esos enfoques. No pretende ser una lista exhaustiva, pero es suficiente para empezar.

Visualízalo como un menú de oración. He agrupado los elementos en categorías para que sea más práctico, pero puedes usarlas como quieras. Escoge lo que más te guste **Hay más formas** e intenta hacer cambios, mezclar y **de orar de las** probar cosas nuevas. Encuentra tus **que crees.** favoritos y después personalízalos; tú decides.

HABLAR

Hablar es la forma más obvia de orar, pero incluye mucho más que solo pronunciar palabras. Estas son algunas maneras en las que puedes orar y que tienen que ver con hablar.

+ *Orar en silencio* es fácil, práctico, y posiblemente la forma más común de orar cuando oramos solos.

+ *Orar en voz alta,* incluso si estás solo, te ayuda a concentrar tus pensamientos para que tu mente no divague. También te ayuda a recordar tus motivos de oración durante el resto del día. Leer y pensar en voz alta han demostrado ayudar con la cognición y la memoria.[30]

+ *Cantar* es una forma muy buena de expresarte verbal y emocionalmente. Puedes cantar canciones de adoración, versículos de la Escritura o tus propias palabras con la melodía que quieras. No es necesario saber cantar.

+ *Gritar, llorar, gemir, suspirar* y *reír* también son formas válidas de orar, especialmente en momentos de gran gozo o dolor (ver

---

30. Melissa Gouty, "4 reasons why reading out loud is actually good for you", LiteratureLust.com, 10 de noviembre de 2020, www.literaturelust.com/post/4-reasons-why-reading-out-loud-is-actually-good-for-you. Lottie Miles, "5 surprising benefits of thinking aloud, backed by science", *The Learning Mind*, 31 de diciembre de 2019, www.learning-mind.com/thinking-aloud-benefits.

Salmos 38:8-9, 56:8, 98:4). En la Biblia encontramos muchos ejemplos de esto. A veces, las oraciones más sentidas ni siquiera tienen palabras inteligibles.

+ *Orar en el Espíritu*, también conocido como orar en lenguas, edifica tu espíritu y tu alma (ver 1 Corintios 14:4).

+ *Escuchar* es parte de cualquier relación saludable. Ten cuidado de no estar tan enfocado en decir lo que hay en tu corazón, que se te olvide escuchar la respuesta de Dios. Veremos esto más a detalle en el capítulo siguiente, pero por ahora solo sé consciente de que la oración es más bidireccional de lo que a veces pensamos.

LEER Y ESCRIBIR

+ *Leer oraciones* que han sido compuestas por otros te puede ayudar si no sabes cómo orar, o si quieres ampliar los temas por los que oras. El Padre Nuestro es un ejemplo, pero hay muchos más. Los cristianos de muchas iglesias usan las oraciones escritas como parte de sus reuniones y tiempos devocionales privados.

+ *Las tarjetas o esquemas de oración*, como la que usamos en la Iglesia Zoe (que está incluida al final de este libro) son útiles, especialmente si tienes un tiempo de oración diario y quieres orar por varias cosas.

+ *Escribir tus oraciones* te ayuda a enfocar tus pensamientos, a procesar y expresar lo que estás sintiendo, y a recordar las cosas por las que has orado. También te proporciona un registro escrito al que puedes regresar luego. A menudo, después de que Dios responde a nuestras oraciones, se nos olvidan pronto. Volver a leer nuestras oraciones del pasado ocasionalmente puede ser un poderoso recordatorio de cuán fiel ha sido Dios para suplir nuestras necesidades.

+ *Escribir en un diario* implica escribir no solo tus oraciones sino también lo que Dios te está hablando, lo que estás sintiendo o pensando, o cualquier otra cosa que venga a tu mente. Los beneficios son similares a los de escribir tus oraciones. Puedes hacerlo a mano, de forma digital, o como notas de voz. Hasta podrías crear un contacto en tu teléfono que se llame "Dios" y escribirle mensajes con tus pensamientos.

MOVIMIENTO

Las siguientes formas de orar tienen más que ver con tu postura o tu ubicación que con las palabras que pronuncias. Estar sentado en tu silla favorita con una Biblia y una tupida manta puede ser la manera ideal para orar de algunas personas, pero para otras, eso es solo otra forma de decir "siesta". Sea cual sea tu personalidad, intenta añadir movimiento a tus tiempos de oración y observa qué sucede. Recuerda que somos seres holísticos: nuestro cuerpo y nuestro cerebro están conectados de formas que a veces ni sabemos, e implicarnos físicamente en la oración es algo natural y encantador.

+ *Caminar o moverte de un lado a otro* mientras oras te ayuda a estar alerta y al mismo tiempo quema algunas calorías. Si eres inquieto, también te ayuda a dar salida a tu energía para que eso no te distraiga.

+ *Arrodillarte, tumbarte o levantar las manos* mientras oras puede ser sorprendentemente poderoso. Cuando te sientas impresionado por Dios o tengas un profundo deseo por entender su soberanía y poder, prueba a arrodillarte, postrarte completamente o levantar las manos.

+ *Hacer senderismo o acampar* en medio del silencio y la belleza de la creación te da vida y sana tu alma a la vez que pasas tiempo con Dios. Sal de la ciudad en la noche y busca un lugar desde el que puedas ver las estrellas, y simplemente medita en Dios, en su poder, en su belleza, en su fidelidad y su amor por su creación (que te incluye a ti).

+ *Salir a dar un paseo caminando o en auto* es una manera creativa de ampliar tus oraciones. Ora por ti mismo, por tu barrio y por tu ciudad mientras viajas. Ora por el vecino que ves por la calle. Ora por la persona sin hogar en la esquina. Ora por los desconocidos con los que te cruzas que están batallando con sus propios temores. Ora por el tipo que te ha adelantado de forma abrupta, porque eso es lo que haría Jesús. Ora por tu mundo.

CREATIVIDAD

Muchas personas se expresan mejor a través del arte o construyendo algo que mediante conversaciones. Si ese es tu caso, prueba a usar tu arte y tus talentos para comunicarte con Dios.

+ *Escribe un poema.* La poesía utiliza la estructura y el ritmo para comunicar más de lo que las palabras por sí solas pueden decir. El libro de Salmos y otras secciones de la Biblia son poesía, y miles de años después aún podemos identificarnos con ellos.

+ *Ora con tu música.* Si eres músico, seguramente te salga de modo natural agarrar tu guitarra o sentarte frente a un piano cuando oras. Escribe una canción, toca una que te sepas o simplemente haz música sin palabras y ofrécesela a Dios. Él escucha la canción sin palabras de tu espíritu.

+ *Dibuja o pinta*. El arte puede ser un modo de comunicar emociones, sueños y deseos que van más allá de las palabras. También es terapéutico, y cuando se combina con la oración, puede ser un instrumento poderoso para sacar a la luz emociones profundas y procesarlas con Dios.

+ *Construye o crea algo* como acto de adoración. En la era medieval, la gente utilizaba sus recursos y habilidades para construir catedrales asombrosas. Era la expresión de su fe; su forma de glorificar a Dios.[31] Puede que descubras que hacer manualidades o construir algo es una forma de acercarte más a Dios.

CONTEMPLACIÓN

Para la mayoría de nosotros, la vida es increíblemente activa, ocupada y ruidosa. Las redes sociales y las plataformas de *streaming* han añadido más leña al fuego de la tentación de llenar cada momento libre con *algo*, y ahora el silencio es poco común. De hecho, a veces parece que lo evitamos, como si su presencia nos incomodara; sin embargo, el silencio es un regalo si aprendemos a apreciarlo. La quietud es un tesoro si estamos dispuestos a experimentarla. A veces, no hacer nada es lo más valioso que podemos hacer.

+ *La meditación* es una práctica antigua. Gracias a las películas y los programas de televisión, la palabra a menudo evoca imágenes de posiciones de yoga o monjes exóticos. Sin embargo, el concepto bíblico de la meditación es un poco diferente. En la Biblia, meditar significa contemplar o reflexionar acerca de la Palabra de Dios (ver Josué 1:8; Salmos 1:2-3). Una forma de hacerlo se llama *lectio divina*. Se remonta a los primeros siglos del cristianismo, y

---

31. "Cathedral Building in the Middle Ages", Durham World Heritage Site, consultado en línea 7 de septiembre de 2021, www.durhamworldheritagesite.com/learn/architecture/cathedral/construction.

en la actualidad se utiliza mucho.[32] Es muy fácil de hacer: simplemente escoge un pasaje de las Escrituras y léelo despacio, línea por línea. El objetivo no es profundizar en su significado sino recibir lo que Dios quiere decirte a través de él. No es lo que llamaríamos un estudio de la Biblia tradicional; es oración. Tómate tu tiempo mientras lees. Escucha, y si alguna palabra o frase te salta a la vista, detente para orar por ello. No tengas prisa, y no te apresures en pasar a lo siguiente. Medita en esa palabra o frase durante más tiempo de lo normal y observa qué viene a tu mente. Escríbelo en tu diario si lo deseas, y durante el día recuérdate a ti mismo la palabra o frase que te impactó cuando leías.

+ *El silencio* es otra forma de comunicarse con Dios. Salmos 46:10 dice: *Quédense quietos, reconozcan que yo soy Dios.* En lugar de llenar todo tu tiempo de oración con palabras, separa un tiempo para estar quieto. Verás que es sorprendentemente difícil, y es muy probable que tengas que comenzar con un solo minuto de silencio e ir aumentando el tiempo según vayas mejorando en ello. Calla tu mente, no hables, y si tus pensamientos toman el control, llévalos otra vez a la quietud. Si tienes que enfocarte en algo, escoge un atributo de Dios y piensa en eso, pero no intentes explorarlo o analizarlo. Quédate quieto y permite que dé vueltas en tu mente. Aprende a encontrar y a valorar el gozo de simplemente estar en la presencia de Dios sin agenda o límite de tiempo.

ORACIÓN COMUNITARIA

Orar a solas es una forma preciosa e íntima de comunicarse con Dios, pero orar en grupo es también muy valioso, y tiene una

---

32. "Worship: Information sheet: Lectio Divina", consultado en línea 7 de septiembre de 2021, www.anglican communion.org/media/253799/1-What-is-Lectio-Divina.pdf.

dinámica muy diferente. La fe y la religión crean comunidad de manera natural, y esa comunidad gira alrededor de una relación con Dios compartida. Orar juntos es una forma poderosa de expresar nuestra fe y acercarnos los unos a los otros. Orar con otras personas tiene mucho poder, trae ánimo y da vida.

+ *Ora con una o dos personas más.* Jesús dijo: *Donde dos o tres se reúnen en mi nombre, allí estoy yo en medio de ellos* (Mateo 18:20). Puedes juntarte con un amigo, con tu pareja, con un hermano… cualquiera que esté dispuesto a unirse a ti en oración. Podría ser a diario, cada mes o cuando sientas la necesidad de orar.

+ *Ora como parte de un grupo pequeño.* Podría ser un grupo que se reúne regularmente, o una reunión improvisada de amigos. Es una buena oportunidad para escuchar las necesidades de los demás, para orar por ellos y con ellos, y para que también puedan orar por ti. La oración es útil; pero además el compañerismo, el apoyo y el consejo que podemos compartir en grupo traen vida.

+ En la iglesia, *la oración colectiva* seguramente sea parte de la reunión. Puede que haya un tiempo para que todos oren a la vez en voz alta, o en voz baja, o para repetir al unísono oraciones escritas. Todas estas formas tienen valor si salen de tu corazón. Participa todo lo que puedas mientras te sientas cómodo, y pídele a Dios que te encuentre ahí donde estás. No te compares con los demás; más bien disfruta de estar en comunidad con otras personas que comparten tu fe.

+ *Intercede por otros.* "Intercesión" es un término que se utiliza para hacer referencia a orar por otras personas. Puedes interceder tú solo o con otros, tal vez durante unos minutos o durante mucho más tiempo. A través de la oración de intercesión puedes ayudar a personas e influir sobre situaciones al ir ante Dios y pedir que muestre su gracia e intervenga en nombre de otros.

Seguramente ya has utilizado una o dos de estos enfoques de la oración. Te animo a que pruebes algunos más, incluso los que piensas que están fuera de tu zona de confort. O tal vez *especialmente esos* son los que debes probar.

Muchos de nosotros somos buenos en encontrar qué nos funciona y hacer de eso un ritual o una rutina. El problema es que ese enfoque de hábito (esa tendencia hacia la rutina espiritual) con el tiempo debilita la relación auténtica. Hace falta un esfuerzo consciente para no caer en la repetición y mantener una comunión fresca con Dios.

Piensa en la relación que tienes con tu amigo más cercano. Seguramente sea espontánea y variada ¿no es así? Puede que se vean a menudo y tengan ciertas tradiciones o rutinas, pero también tienen la libertad y la confianza para relacionarse de muchas otras maneras. Lo normal no es entrar a cada conversación con un plan o una lista de peticiones; simplemente pasan tiempo juntos y se divierten. Se ríen, lloran, se quejan, se desahogan, escuchan, aprenden y crecen.

Podemos ver el mismo principio (que las relaciones deben ser frescas, creativas y emocionantes) en acción en los matrimonios. Si estás casado, probablemente hayas descubierto cuán valioso es explorar nuevas formas de conectar e intimar. Eso puede ser un reto, especialmente

No te permitas caer en rituales vacíos o en el aburrimiento espiritual.

si hay niños pequeños corriendo por todos lados. Hablo desde la experiencia. Hacer que las cosas sigan siendo vibrantes y emocionantes es completamente vital para que un matrimonio sea saludable.

Si la espontaneidad y la creatividad dan vida a las amistades, al matrimonio y a otras relaciones humanas, ¿cuánto más no enriquecerán nuestro caminar con Dios? No te permitas caer en rituales vacíos o en el aburrimiento espiritual.

No pidas siempre lo mismo del menú, ya sea que estemos hablando de tarta de queso o de la oración.

Experimenta.

Prueba algo nuevo.

Prueba algo que nunca hayas hecho.

Puede que se convierta en tu nueva cosa favorita.

DIECIOCHO

El arte perdido de escuchar

Hemos abarcado mucho terreno en este libro. Espero que estés más emocionado con la oración que nunca, y más confiado en que la oración es una habilidad en la que puedes sobresalir. En este último capítulo hablaremos de uno de los aspectos de la oración que más confusión y frustración generan: aprender a escuchar la voz de Dios.

Conversar con Dios es fácil, pero ¿escucharlo? ¿Oír su voz? ¿Entender su guía? Eso es mucho más difícil.

Hablando de conversar, yo lo hago mucho. La verdad es que es una parte central de mi trabajo como predicador. Me pagan por pararme delante de personas y hablar, literalmente. El trabajo consiste en mucho más que eso, por supuesto, pero esa es la parte más pública.

Si has estado en muchas reuniones de iglesia, sabes, por norma general, cómo funciona. El predicador se pone al frente con un micrófono, comparte lo que hay en su corazón durante más tiempo del que se supone que debería, se disculpa por pasarse de tiempo, sigue predicando, se disculpa de nuevo, predica un poco más, hace una oración que incluye algunos puntos que no le dio tiempo a cubrir durante el mensaje, y finalmente concluye la reunión.

Me encanta. Y para nada lo doy por hecho. Soy consciente de que estoy compartiendo mi propio punto de vista, de que no tengo todas las respuestas, y de que las personas que me escuchan tienen toda la libertad para estar o no de acuerdo con lo que digo. Eso es lo divertido.

Pero hay una cosa que me pone de los nervios. Lo que estoy a punto de describir no sucede todas las semanas, pero cuando ocurre, suelen ser las mismas personas las que lo hacen.

Después de la oración de cierre, cuando todos están ya recogiendo sus cosas y decidiendo dónde van a ir a almorzar, se acerca alguien a decirme que le ha gustado mucho el mensaje, que está muy de acuerdo con todo lo que he dicho, y que llevaba toda la semana pensando justamente en eso. Después pasa diez minutos resumiendo el sermón que acabo de predicar y compartiendo lo que más le ha gustado.

Lo único es que nada de lo que dice estaba en el mensaje que yo di. Absolutamente nada.

Dios quiere hablarnos. De hecho, seguramente ya lo está haciendo, nos demos cuenta o no.

Es como si predicara su propio sermón para una audiencia de una sola persona: un servidor. Tal vez sea algún tipo de venganza cósmica por las veces que me he extendido demasiado predicando. Me encanta que las personas estén tan implicadas y emocionadas, pero está claro que no estaban escuchando.

Sin embargo, eso me da qué pensar. ¿Cuántas veces yo le habré hecho eso a Dios? Empiezo a orar con una agenda, una lista de oración y un plan. Me creo que sé lo que Dios está pensando, le

240

digo lo que tiene que hacer y le impongo mis ideas. Después me voy, contento de haber podido expresar mi punto de vista.

Y Dios se queda diciendo: "Amigo, no has escuchado nada de lo que he dicho".

La oración no es solo un tiempo para que nosotros hablemos con Dios; también es un momento para escucharlo y conocerlo mejor. Es un tiempo para entender sus caminos, y aprender a ver las cosas como Él las ve.

Si piensas en los beneficios de la oración que vimos en la primera sección, te darás cuenta de que la oración no se trata de que nosotros le decimos cosas a Dios, sino que en su mayor parte implica recibir algo de Él. Dios quiere *comunicarse* con nosotros. Quiere que escuchemos su voz y su corazón.

La Biblia recoge, tan solo en el Antiguo Testamento, más de dos mil momentos en los que Dios habló a personas. En el Nuevo Testamento, Dios no solo siguió hablando sino que también prometió enviarnos al Espíritu Santo para que nos enseñe y nos recuerde las cosas que Jesús dijo (ver Juan 14:26).

Dios quiere hablarnos. De hecho, seguramente ya lo está haciendo, nos demos cuenta o no.

Cuando hablo de este tema con las personas, suelo escuchar una frase (o diversas variantes de ella) una y otra vez: "Yo no sé cómo escuchar la voz de Dios".

Las emociones que suelen ir ligadas a esa frase oscilan entre frustración, confusión y hasta vergüenza. La mayoría de las personas suponen que debería ser fácil (igual que suponen que la oración debería ser fácil). Y, cuando no lo es, no saben qué hacer.

¿Es su culpa? ¿Es culpa de Dios? ¿Acaso les falta un sexto sentido o aún tienen que descifrar algún código cósmico?

Creo que las palabras que usamos cuando hablamos de esto son parte del problema. *Voz* y *escuchar* hacen referencia a nuestro sentido físico de la audición; sin embargo, la verdad es que es muy raro que Dios hable de forma audible. En la Biblia lo hizo algunas veces, y la gente se daba sustos de muerte.

No estoy sugiriendo que necesitemos usar otras palabras, porque no creo que las haya. *Escuchar* es lo máximo que nos podemos acercar a explicar lo que realmente ocurre, y es el término que la Biblia usa repetidamente.

En lugar de cambiar la palabra, necesitamos ampliarla.

Escuchar a Dios no es algo que hacemos con nuestras orejas, sino con nuestro corazón.

Su voz no vibra en nuestros tímpanos; resuena en nuestro espíritu.

No se presenta como un huracán sino como una brisa ligera.

Es fácil perdérsela y es fácil de ignorar (al menos por un tiempo).

Pero, cuando la escuchamos, nos da vida.

Como en todas las relaciones, tus interacciones con Dios serán personales y únicas, y crecerán y se desarrollarán a su propio ritmo. Yo no puedo enseñarte técnicas que harán que la voz de Dios sea repentinamente fácil de escuchar. En lugar de eso, quiero compartir contigo algunas cosas que a mí me han ayudado.

Si te son útiles, aprende de ellas, pero no las sigas como si fueran un libro de normas.

Mejor acércate a Dios con el regalo más precioso que puedes ofrecerle, que además es lo único que Él quiere: tú mismo. Ancla tus oraciones en esta promesa de Dios: *Me buscarán y me encontrarán cuando me busquen de todo corazón* (Jeremías 29:13). Medita en lo que dijo Jesús en Juan 10:27: *Mis ovejas oyen mi voz; yo las conozco y ellas me siguen.*

Somos humanos, y a veces nos equivocamos con las cosas espirituales. Dios no espera que seamos perfectos en eso. Él es paciente, amable y amoroso. Se encuentra con nosotros allí donde estamos.

Pero no nos dejará ahí; Él nos acerca a sí mismo y nos enseña a escucharlo mejor. Aunque ese proceso es lento y puede ser difícil, la recompensa es enorme.

Búscalo, escúchalo. Sé paciente, persevera y confía en que Él te ayudará. Aprenderás a escuchar su voz.

¿CÓMO SÉ QUE ES DIOS?

Antes de ver algunas maneras prácticas de escuchar a Dios, hablemos de cómo suena la voz de Dios.

¿Cómo sabemos si estamos escuchando a Dios o son nuestros propios deseos? ¿Cuál es la diferencia entre sus pensamientos y los nuestros? ¿El sueño de anoche venía de parte de Dios, o fue por el gluten que comimos?

Cuando hablamos de escuchar la voz de Dios, creo que a menudo el reto no es escuchar su voz sino saber distinguirla en medio del caos de voces que reclaman nuestra atención. Hay tantas cosas reclamando nuestra atención, que es complicado saber cuáles vienen de Dios y cuáles no.

¿Alguna vez has estado en la puerta de embarque de un aeropuerto o en algún otro lugar lleno de gente en el que había alguien viendo un video en el celular… con el volumen muy alto… sin auriculares?

Mientras tanto, todos lo miran desafiantes preguntándose cómo es que no se da cuenta. A veces me gustaría tener unos auriculares de sobra para darle, y así hacer que pueda seguir viendo sus videos mientras protejo la cordura del resto de nosotros.

Sin embargo, lo interesante es cuán concentradas están esas personas cuando ven los videos, a pesar de hacerlo sin auriculares. Están rodeados de movimiento, ruido y miradas amenazantes, pero ni se enteran. Están enfocados en una sola voz, en una sola fuente de información.

Ahora bien, seguramente el video al que prestan tanta atención es un gato tirándose en paracaídas, una fiesta de revelación del sexo de un bebe que salió mal, o una patata que se parece a la torre Eiffel. Sin embargo, para ellos es lo único que importa en ese momento.

Yo quiero esa misma capacidad de enfoque cuando se trata de escuchar a Dios. Él tiene mucho más que aportar a mi vida que cualquier video divertido de TikTok, eso seguro. En un mundo lleno de ruido, movimiento, estrés y adrenalina, quiero ser capaz de poder silenciarlo todo cuando sea necesario y simplemente estar con Jesús. Quiero poder distinguir su voz en medio de la cacofonía que me rodea.

Entonces, ¿cómo saber si lo que estás escuchando viene de Dios? Aquí tienes algunas sugerencias.

1. LA VOZ DE DIOS CONCUERDA CON SU PALABRA

Dios nunca contradice la Biblia, que es su Palabra escrita.

Cualquier cosa que pensemos que Él nos está diciendo por algún sentimiento en el corazón, a través de las circunstancias, a través de un consejo que alguien nos da, o de cualquier otra forma, siempre será subjetiva. Es decir, siempre existe la posibilidad de que nos equivoquemos porque somos humanos.

Podría ser verdadero, pero podría ser falso; o como suele ser el caso, podría ser una mezcla de ambas.

La Biblia, por el contrario, es totalmente confiable. No tenemos que preocuparnos de si está o no equivocada. A veces puede ser difícil entenderla u obedecerla, pero es digna de confianza.

Eso significa que podemos y debemos comparar con su Palabra lo que creemos que Dios nos está diciendo. Si concuerda, podemos estar más seguros de haber escuchado bien. Si no, entonces debemos descartarlo.

No importa cuántas personas, señales, sueños o voces te digan que puedes hacer trampa con tus impuestos, engañar a tu cónyuge, o rajar las ruedas del auto de tu vecino gruñón; eso no viene de Dios.

Él no te llevará a hacer algo que contradiga su voluntad y su carácter que han sido revelados en la Biblia.

2. LA VOZ DE DIOS PRODUCE PAZ

A veces, es una paz inmediata: quietud, calma y sensación de bienestar. Otras veces, nos impulsa hacia algo difícil, como por ejemplo pedir perdón a una persona a la que hemos herido, que produce paz una vez que hemos obedecido.

Si la voz que estás escuchando te produce paz verdadera, es probable que sea la de Dios. Si te produce confusión y caos, probablemente no venga de Él. La Biblia dice que Dios es el "Señor de paz", y la paz debería ser una característica de su relación con nosotros (ver 1 Corintios 14:33; 2 Tesalonicenses 3:16).

Si estás contemplando varias opciones para tomar una decisión, pregúntate a ti mismo: *¿Qué me produce más paz? ¿Qué decisión traerá consigo la paz de Dios a la larga?*

3. LA VOZ DE DIOS SUELE SER TRANQUILA

Es fácil pasarla por alto si no estamos escuchando.

Eso significa que debemos ser intencionales cuando se trata de escuchar a Dios. Tenemos que bajar el volumen en nuestras vidas, pausar nuestro horario a menudo, e incluso bajar nuestro ritmo "normal" para que pueda haber espacios cada día en los que podamos estar quietos y escuchar.

Dios hizo que el profeta Elías entendiera esto de manera dramática en 1 Reyes 19:11-13. Elías acababa de obtener una victoria espectacular sobre los idólatras adoradores de Baal que habían cautivado a Israel y, como resultado, se había convertido en enemigo de la reina. Las amenazas de ella lo asustaron de tal modo, que huyó al desierto. Estaba exhausto, angustiado, aterrorizado y desesperado por escuchar a Dios.

Así que Dios respondió. Veamos cómo se reveló a Elías:

> *El Señor le ordenó: —Sal y preséntate ante mí en la montaña, porque estoy a punto de pasar por allí. Como heraldo del Señor vino un viento recio, tan violento que partió las montañas e hizo añicos las rocas; pero el Señor no estaba en el viento. Después del viento hubo un terremoto, pero el Señor tampoco estaba en el terremoto. Tras el terremoto vino un fuego, pero el Señor tampoco estaba en el fuego. Y después del fuego vino un suave murmullo. Cuando Elías lo oyó, se cubrió el rostro con el manto y, saliendo, se puso a la entrada de la cueva. Entonces oyó una voz que le dijo: —¿Qué haces aquí, Elías?*

Elías conocía la presencia de Dios. No estaba en el huracán, ni en el terremoto, ni en el fuego, a pesar de que Dios era lo suficientemente poderoso como para controlarlos. La presencia de Dios estaba en el susurro; en la quietud y el silencio.

Tenemos que hacer espacio en nuestras vidas para poder escuchar ese susurro. Muchas personas lo hacen teniendo un tiempo devocional en la mañana antes de sumergirse en las ocupaciones del día. Otros prefieren hacerlo en la noche cuando el día ha terminado y hay tiempo para pausar y reflexionar. Haz lo que te funcione mejor con tu horario actual, y haz ajustes si tu horario cambia.

4. LA VOZ DE DIOS ES INCÓMODA, PERO ESTÁ LLENA DE AMOR

Si tienes la suerte de que la voz de Dios siempre concuerda con tus propios pensamientos, probablemente no sea Dios. Lee eso de nuevo.

Dios dice lo que piensa. Él confronta el pecado, revela las debilidades, descubre vulnerabilidades y limpia las heridas que hemos intentado esconder. Nos ama tanto como para hacernos daño, pero siempre por nuestro bien. Él es el amigo que describe Proverbios 27:6: *Más confiable es el amigo que hiere que el enemigo que besa.*

Dios no condena, pero sí convence de pecado.

La condenación dice: "Acabas de hacer algo malo, y lo has hecho porque eres un fracasado. La verdad es que todo lo haces mal. Eres horroroso, no vales para nada, y no tienes remedio". La condenación nos tacha de casos perdidos, y suele ser ambigua, generalizada, y estar empapada de desesperanza y vergüenza.

La convicción de pecado, sin embargo, trae esperanza. Dice: "Lo has hecho mal; pero te amo y ya te he perdonado. Ahora debes hacer lo correcto, y actuar de otra forma en el futuro". La convicción nos recuerda que Dios nos ama lo suficiente como para corregirnos cuando lo necesitamos. Es específica, práctica, está llena de amor, y nos da también la gracia para cambiar.

No estoy diciendo que Dios siempre dirá cosas que no te gusta escuchar. Él no es un crítico divino que existe solo para señalar tus fracasos. Muchas veces, su voz será lo que quieres y necesitas, sobre todo cuando estés débil o dolido. Te dará consuelo y ánimo, te fortalecerá y te apoyará.

Él será siempre honesto, diga lo que diga. Puede que no sea lo que esperamos o queremos oír, o tratamos de escuchar, pero siempre será lo que necesitamos. Y traerá sanidad y vida.

Algunos de nosotros tenemos un crítico interno que señala sin misericordia todo lo que hacemos; no es Dios quien habla. Algunos de nosotros tenemos un club de fans interno que nos dice que somos hasta mejores que las tostadas de aguacate. Ese tampoco es Dios hablando. Los dos son, seguramente, reflejos de la imagen que tenemos de nosotros mismos.

Recuerdo a otro anciano predicador que decía: "Dios consuela a los afligidos y aflige a los cómodos". Eso tiene mucho sentido.

La voz de Dios a menudo dirá cosas que no esperabas. Te dará consuelo; pero también te retará. Te dará paz interior; pero te empujará fuera de tu zona de confort. Te dará palmaditas en la espalda; a la vez que te da una patada en el trasero.

Siempre con mucho cariño.

5. LA VOZ DE DIOS ES BONDADOSA Y AMABLE CON LOS DEMÁS

Santiago nos da una descripción útil de la voz de Dios cuando dice: *En cambio, la sabiduría que desciende del cielo es ante todo pura, y además pacífica, bondadosa, dócil, llena de compasión y de buenos frutos, imparcial y sincera* (3:17). Observemos que muchas de esas palabras se refieren a nuestra conducta social: bondadosa, dócil, llena de compasión, imparcial y sincera.

A Dios le importa cómo tratamos a los demás. Él los ama igual que nos ama a nosotros. Cuando oramos, debemos pasar lo que escuchamos por el filtro de la lista que acabamos de ver.

Si mis palabras comienzan con: "Dios me dijo..." y después exigen mis derechos, ¡cuidado! No es que no tenga derechos, pues sí los tengo, pero por lo general no necesito que Dios me los recuerde. Es más habitual que Él tenga que recordarme que el camino de la cruz es un camino de amor sacrificial y servicio.

Cuando pienses que Dios te está hablando, somételo a la prueba de la "sabiduría que desciende del cielo". Si no la pasa, vuelve a orar y escuchar, porque Dios tiene más que decir.

6. LA VOZ DE DIOS SE CONFIRMA DE MUCHAS MANERAS

En el Antiguo Testamento, solo se consideraba válido un testimonio dado ante un juez cuando era confirmado por dos o tres testigos (ver Deuteronomio 19:15). El mismo principio se repite en un contexto espiritual en el Nuevo Testamento (ver 2 Corintios 13:1).

Si Dios te dice algo importante, normalmente te repetirá el mensaje varias veces y de más de una manera. Él le prometió a Abraham en varias ocasiones que un día tendría descendientes, a pesar de que su esposa era estéril (ver Génesis 12:2; 17:1-21; 18:10). También envió varios profetas para advertir a Israel de que se arrepintieran, y para profetizar acerca del Salvador que un día vendría.

Dios sabe que hay cosas que necesitamos escuchar más de una vez, porque no siempre acertamos a la primera. Solemos pensar que nos hemos confundido, que nos estamos inventando cosas, o no estamos seguros de haber escuchado bien.

Es bueno sentirse así a veces. Significa que eres lo suficientemente humilde como para reconocer que te podrías equivocar. Las personas que siempre están seguras de haber escuchado a Dios correctamente me asustan; así empiezan las sectas.

Si crees que Dios te está hablando, comienza por contrastarlo con los puntos que acabamos de repasar. ¿Está en consonancia con las Escrituras? ¿Te da paz? ¿Es tranquilo pero seguro? ¿Es reconfortante pero también un poco incómodo? ¿Te anima a amar a otros?

Después, echa un vistazo a las siguientes páginas. Vamos a repasar una lista de maneras en que Dios podría hablar. Estos "testigos" te ayudarán a determinar si ese pensamiento, esa emoción o ese sueño en tu corazón viene de Dios.

MANERAS EN QUE DIOS HABLA

Dios es un comunicador creativo. Es posible que el mejor ejemplo de esto sea cuando usó a un burro de carácter fuerte para llamar la atención de un profeta terco (puedes leerlo en Números 22). Sin embargo, los animales que hablan son la excepción, no la norma. Dios suele usar canales de comunicación que son más aceptables socialmente. Examinemos algunos de ellos.

1. LA BIBLIA

Como vimos antes, la Biblia es la voz más fuerte, más clara, más objetiva y con más autoridad. La mayoría de las cosas que sabemos acerca de Dios no las dijo una voz que nos susurraba en la noche, sino que están escritas en blanco y negro y las tenemos ante nuestros ojos. Todos los demás mensajes que escuchemos deben ser contrastados con la Palabra de Dios escrita, que es certera y no cambia.

Lo diré de nuevo: la forma más clara y constante en la que Dios habla es a través de su Palabra.

Sin embargo, si quieres escuchar a Dios a través de su Palabra, tienes que leerla. No te obsesiones con la cantidad; no es una carrera, y no hay premios en el cielo por ser el primero en leer la Biblia entera.

Lee algunos versículos y después medita en ellos. Tómate tu tiempo, y pregúntale a Dios si hay algo que quiera hablarte a través de ellos.

Si necesitas ayuda para entender lo que lees o ser más constante en tu lectura, tienes a tu disposición muchas herramientas de estudio. Las aplicaciones para leer la Biblia, los comentarios y las Biblias de estudio son buenas herramientas. Si crees que Dios te está diciendo algo, utiliza esas herramientas para buscar otros versículos que hablen del mismo tema, y habla con otra persona si quieres tener otro punto de vista.

El mismo Espíritu Santo que inspiró la Palabra te ayudará a entenderla mientras lees.

2. EL ESPÍRITU SANTO

Cuando te convertiste en seguidor de Jesús, Él envió al Espíritu Santo a tu corazón para que viviera en él (ver Efesios 1:13). El Espíritu Santo es la presencia de Dios que vive en nuestro interior. Él nos enseña, nos guía, nos convence de pecado, nos anima, nos fortalece y nos ayuda.

A menudo, todo eso ocurre sin que seamos realmente conscientes de que Él está hablando. Él trae un versículo a nuestra mente, nos ayuda a ver las cosas desde otro punto de vista, o utiliza nuestra conciencia para señalar un área que tenemos que corregir.

En otras ocasiones somos conscientes de que es Él. "Escuchamos" una voz callada pero persistente en nuestro espíritu o un mensaje que sabemos en nuestro interior que es verdadero. Es difícil explicar esto con palabras pero, si te ha ocurrido, sabrás a lo que me refiero. Presta atención a esa voz cuando la escuches, y busca confirmación en las Escrituras que te indique que eso es cierto. Con el tiempo, aprenderás poco a poco a reconocer mejor esa voz.

A veces, el Espíritu Santo habla a través de otras personas en forma de profecía, que tiene que ver con compartir un mensaje concreto de Dios para una persona o situación. La profecía es uno de los dones del Espíritu Santo (ver 1 Corintios 14:1). Con respecto a la profecía, escucha con un corazón abierto y una mente cauta. Compara lo que escuches con las Escrituras, con lo que sientes en tu corazón y con lo que te pueda decir un consejero sabio.

Escuchar la voz del Espíritu Santo es algo subjetivo, como ya hemos comentado, pero también es algo muy real. No te estreses por ello; solo escucha. Desarrolla tus sentidos espirituales para escuchar mejor su voz. Si es Dios, Él se encargará de hacértelo saber.

3. CONSEJOS SABIOS

A menudo, Dios usa a personas que tienen más experiencia, formación o conocimiento que nosotros para confirmar su voluntad y su guía. Esto podría incluir a padres, pastores, mentores, terapeutas, jefes, maestros, consejeros, amigos y más.

La sabiduría, según Proverbios, no significa tener todas las respuestas sino estar dispuestos a pedir consejo, a escuchar, a aprender, y a dar la bienvenida a opiniones contradictorias y varios puntos de vista. *Cuando falta el consejo, fracasan los planes; cuando abunda el consejo, prosperan* (Proverbios 15:22).

Otras personas no son más infalibles que tú y yo, pero tienen un punto de vista valioso. Puede que confirmen lo que nosotros ya hemos pensado, podrían encontrar un fallo en nuestro razonamiento, o ver peligros que nosotros no vemos. Podrían haber aprendido algo por las malas, y más vale aprender de su dolor que recrearlo en nuestra propia vida.

Solo ten cuidado de no dejar que los demás te influencien *demasiado*. El concepto de "consejo" ha sido a menudo abusado tanto dentro como fuera de la Iglesia.

No necesitas que alguien interprete todo lo que Dios te diga o haga de mediador entre tú y Dios. Mucha gente que dice representar a Dios ha hecho mucho daño al exigir a los demás sumisión y obediencia. Por favor, no sigas ciegamente a nadie, incluso si él o ella afirma hablar de parte de Dios y tiene mucho éxito, conocimiento o influencia.

No hablo de ese tipo de consejeros, porque aconsejar no se trata de controlar sino de servir. No se trata de dominar sino de enviar, ni de hacer de menos o ser altivos sino de empoderar a otros. Ignora a los narcisistas, los obsesionados con el control, los "líderes" abusivos y cualquiera que calle tu voz. No los necesitas. Busca consejeros que te sirvan, te envíen y te empoderen.

Sí que necesitas consejeros, pero tienen que ser los correctos. Escucha a las personas que realmente te aman y que no tienen nada que ganar con ser aduladores; personas que sean maduras, sabias y humildes.

Pedir ayuda no tiene nada de malo. Todo lo contrario; nos da seguridad.

4. CIRCUNSTANCIAS

Dios puede usar las circunstancias de tu vida para guiarte. Tal vez Él abra una puerta, cierre otra permanentemente, o cierre una de manera temporal hasta que estés listo. También hay ocasiones en las que Él dinamita otra puerta por completo y te empuja para que entres a través de ella, aunque no te sientas *para nada* preparado.

Proverbios 16:9 dice: *El corazón del hombre traza su rumbo, pero sus pasos los dirige el Señor.* Proverbios 20:24 dice: *Los pasos del hombre los dirige el Señor. ¿Cómo puede el hombre entender su propio camino?* En otras palabras, Dios se involucra activamente cuando se trata de guiar nuestros pasos.

Eso no significa que somos robots programados para hacer exactamente lo que Dios ha predeterminado que hagamos, pero sí significa que Dios, en su soberanía y poder, puede guiarnos incluso cuando nos equivocamos.

Para mí, eso es un alivio enorme. Cuando tengo que tomar una decisión importante, oro al respecto, investigo lo que la Biblia dice acerca de eso, escucho la voz del Espíritu Santo y busco consejo. Sin embargo, a veces sigo sin estar seguro de lo que Dios está diciendo.

En ese punto, si tengo que tomar una decisión, la tomo y confío en que Dios me guiará a través de las circunstancias aunque no haya "escuchado" su voz.

5. SABIDURÍA

Dios también se comunica a través de nuestra propia sabiduría. Técnicamente, puede que no sea siempre Dios el que "habla" de esta manera, pero Él creó nuestro cerebro, inventó el sentido común y la lógica, y nos da sabiduría divina, así que creo que está bien ponerlo en esta lista.

Antes hemos hablado de Santiago 1:5: *Si a alguno de ustedes le falta sabiduría, pídasela a Dios, y él se la dará, pues Dios da a todos generosamente sin menospreciar a nadie.* Lo único que pidió Salomón fue sabiduría, y esa petición alegró el corazón de Dios (ver 1 Reyes 3). Dios valora la sabiduría, sin duda, y la utiliza para guiarnos.

La sabiduría es algo más que solo conocimiento. El conocimiento es un cúmulo de información, pero la sabiduría es la capacidad de saber qué hacer con esa información. A través de nuestras habilidades naturales, experiencia, estudio, y humilde disposición para aprender, obtenemos sabiduría para poder tomar buenas decisiones.

La Biblia tiene todo un libro dedicado a la sabiduría: Proverbios. Si quieres crecer en ella, lo mejor que puedes hacer para comenzar es meditar en el conocimiento que se encuentra en esos capítulos. Santiago es también otro libro estupendo.

No subestimes tu mente, tus ideas y tu propio punto de vista. No, no tienes todas las respuestas; y sí, tienes que orar, buscar opciones y consejo.

Pero también tienes mucho que ofrecer. A menudo, tendrás el mejor punto de vista (después del de Dios) acerca de qué deberías hacer. Abraza la sabiduría y esta te guiará.

6. SUEÑOS, VISIONES, SEÑALES Y ÁNGELES

En nuestra cultura occidental hiperracionalista podría parecer raro hasta mencionar que Dios puede hablarnos a través de sueños, visiones, señales o hasta visitándonos mediante un ángel. Por lo menos en mi experiencia, estos medios de comunicación son menos habituales hoy día que los que hemos mencionado arriba; sin embargo, en la Biblia era común que Dios hablara así. Dios puede usar, y lo hace, sueños, visiones, señales, e incluso visitas de ángeles para comunicarse con personas en la actualidad.

Debido a que estas cosas son tan subjetivas, si tienes un sueño o alguna otra experiencia que crees que viene de Dios, te animo a que no solo lo contrastes con las Escrituras, sino que converses con un mentor o amigo de confianza que pueda ayudarte a evaluarlo. No aceptes ciegamente cualquier cosa como proveniente de Dios, pero tampoco lo rechaces demasiado rápido.

A menudo recuerdo lo que hizo María, la madre de Jesús, cuando ocurrieron en su vida cosas increíbles. *María, por su parte, guardaba todas estas cosas en su corazón y meditaba acerca de ellas* (Lucas 2:19; ver también el v. 51). Si hay algo que no entiendes, simplemente espera. Medita en ello, y guárdalo en tu corazón hasta que Dios te ayude a entenderlo.

7. LA CREACIÓN

¿Alguna vez te has preguntado de dónde vino el concepto de belleza? No el hecho de reconocer que algo es hermoso, sino el concepto en sí mismo. Vino de Dios. Él es hermoso, y nos dio la capacidad de apreciar y amar la belleza. Él dibuja obras maestras en el cielo todas las mañanas y todas las noches, y nosotros podemos disfrutar de ellas.

Salmos 19:1 dice: *Los cielos cuentan la gloria de Dios, el firmamento proclama la obra de sus manos.* Romanos 1:20 dice: *Porque desde la creación del mundo las cualidades invisibles de Dios, es decir, su eterno poder y su naturaleza divina, se perciben claramente a través de lo que él creó, de modo que nadie tiene excusa.*

La naturaleza tiene voz, y testifica acerca de la existencia de Dios, su poder y su fidelidad. Nos recuerda que, sin importar lo que esté ocurriendo a diario en nuestro mundo de locura, el universo sigue existiendo y Dios también. Él es más grande que todo lo que nos preocupa. Pase lo que pase, Él no cambia y no nos abandona.

Si necesitas escuchar la voz de Dios, prueba a acercarte más a su creación. Sal de acampada a la montaña o ve de excursión a la playa. Vete a hacer senderismo solo o con alguien que tenga el don de callarse cuando hay que callarse.

Busca un lugar que tenga buenas vistas, disfruta de la quietud, y solo siéntate a contemplar.

Dios creó todo lo que ves: desde la amplia extensión del cielo hasta los detalles de las plantas a tus pies.

Estás en buenas manos.

¿Y AHORA QUÉ?

Cuando escuches a Dios hablar, responde.

Escuchar no es algo pasivo sino activo. Escuchamos y obedecemos. Escuchamos y respondemos.

Si Él te dice que te ama y que eres precioso ante sus ojos, créelo. Si te empuja a cambiar algo en algún área de tu vida, pídele ayuda y hazlo. Si te reta a arriesgarte, obedece en fe.

No puedes esperar que Dios siga hablándote si estás ignorando las cosas que Él ya ha dicho. Las relaciones saludables no funcionan así. Es verdad que no siempre lo harás bien, ni escuchar ni obedecer. Nadie puede.

> **No puedes esperar que Dios siga hablándote si estás ignorando las cosas que Él ya ha dicho.**

Pero, si realmente quieres escuchar y obedecer a Dios, Él honrará eso.

Después de todo, esa es la esencia de la oración: acercar más nuestros corazones al corazón de Dios.

Escuchar la voz de Dios es un proceso de aprendizaje que dura toda la vida. Es maravilloso y está lleno de sorpresas, tesoros y alegrías ocultas. ¡Conoce a Dios!

Escucha.

Él está hablando.

Comienza y termina con la oración

En esta vida frenética, ruidosa y llena de cosas inesperadas, la paz no es un sueño imposible.

Es una promesa. Es un regalo de Dios que anhelamos y necesitamos desesperadamente.

No hablo de la paz que te da tener todas las respuestas y tener todo bajo control, sino la paz que desciende del mismísimo cielo; la paz de Dios que sobrepasa todo entendimiento. Esa paz que experimentamos cuando dejamos nuestras preocupaciones sobre Aquel que cuida de nosotros.

Es una paz que comienza y termina con la oración. ¿Estás preocupado por todo porque no oras por nada? Es hora de darle la vuelta a la narrativa.

No te preocupes por *nada* porque oras por *todo*.

Ese es el estilo de vida al que Dios te llama a través de la oración. Es tu futuro como hijo de Dios.

Jesús dice: *Mira que estoy a la puerta y llamo. Si alguno oye mi voz y abre la puerta, entraré, y cenaré con él, y él conmigo* (Apocalipsis 3:20).

Algunas veces, las personas usan este versículo para explicar la salvación, pero la realidad es que esas palabras se escribieron para los creyentes. Jesús quiere estar con nosotros, no como un juez que nos juzga, o un jefe que evalúa a un empleado, o un emperador que ridiculiza a su sirviente.

Como un *amigo*.

Jesús quiere pasar por la puerta de nuestros corazones, sentarse a nuestro lado con alguna bebida y pasar un rato con nosotros. Él quiere escuchar las cosas que ocupan nuestra mente y nuestro corazón; quiere que expresemos lo que nos preocupa, nos inspira o nos reta, y quiere compartir con nosotros la paz, la perspectiva y el poder de Dios.

Sé que acabamos de analizar en profundidad las complejidades y los detalles de la oración durante varios cientos de páginas, pero la realidad es que la oración no es algo difícil; es natural. Fluye, sin forzarla, de una relación auténtica.

La verdad es que no puedes "hacerlo mal" o que "no se te dé bien". Sí, puedes mejorar, pero nadie va a estar evaluando tu progreso o juzgando la elocuencia de tus oraciones, y mucho menos Dios. A Él realmente solo le alegra escucharte, y está emocionado por colaborar contigo en el futuro.

Por lo tanto, ¡simplemente ora!

Como quieras.

Donde estés.

Siempre que quieras.

Por lo que sea.

Es así de simple.

Reconocimientos

A mi esposa Julia; la reina de nuestro mundo. La jefa. ¿Dónde estaría sin ti? La respuesta: perdido, sin esperanza, sin comida, sin ropa y sin risas.

Realmente eres la mejor.

A nuestros hijos. Los adoro a cada uno de ustedes. Gracias por hacer de nuestro hogar un lugar de diversión, caos y amor constantes.

A la Iglesia Zoe. Gracias por ser una comunidad asombrosa; las mejores personas del planeta. ¡Los amo muchísimo a todos!

A mis padres. Gracias por su amor y fidelidad. Son un ejemplo brillante.

A nuestra junta directiva. Su cobertura y liderazgo siguen brillando cada año. Gracias por su amistad y apoyo constante.

A Justin Jaquith, autor de autores. Me encanta el modo en que piensas y escribes. Me encanta hablar y procesar las cosas contigo. Sigamos haciendo esto juntos. Tal vez Dios nos está llamando a escribir en Cabo la próxima vez (solo pienso en voz alta).

A Whitney Gossett. Comenzamos desde abajo, y ahora mira dónde estamos (¿dónde estamos? jajaja)... Gracias por creer en nosotros, arriesgarte con nosotros, ¡y pensar siempre en cosas nuevas y creativas para hacer! ¡Eres la mejor!

A Roman y Erika Bozhko. Nadie vería o escucharía acerca de este libro sin ustedes. Gracias por ser nuestros amigos... y los genios creativos que son. Les amamos a los dos.

La Tarjeta de oración diaria "Ora por todo" de Zoe

No se inquieten por nada; más bien, en toda ocasión,
con oración y ruego, presenten sus peticiones
a Dios y denle gracias.
—Filipenses 4:6

RECUERDA ESTO CUANDO ORES

• CUALQUIERA PUEDE ORAR

Si mi pueblo, que lleva mi nombre, se humilla y ora, y me busca y abandona su mala conducta, yo lo escucharé desde el cielo, perdonaré su pecado y restauraré su tierra.

(2 Crónicas 7:14)

Así que acerquémonos confiadamente al trono de la gracia para recibir misericordia y hallar la gracia que nos ayude en el momento que más la necesitemos. (Hebreos 4:16)

• LA ORACIÓN ES SIMPLEMENTE HABLAR CON DIOS

Esta es la confianza que tenemos al acercarnos a Dios: que, si pedimos conforme a su voluntad, él nos oye. (1 Juan 5:14)

- **JESÚS NOS ENSEÑÓ A ORAR**

Ustedes deben orar así: "Padre nuestro que estás en el cielo, santificado sea tu nombre". (Mateo 6:9-13)

- **ORA EN TODO TIEMPO, EN TODO LUGAR, Y POR TODO**

No se inquieten por nada; más bien, en toda ocasión, con oración y ruego, presenten sus peticiones a Dios y denle gracias. Y la paz de Dios, que sobrepasa todo entendimiento, cuidará sus corazones y sus pensamientos en Cristo Jesús. (Filipenses 4:6-7)

En tus oraciones diarias, utiliza estos cuatro puntos para crear oraciones genuinas, auténticas y efectivas:

1. ORA DE MANERA ESPECÍFICA. (ver **1 Juan 5:15**)

2. ORA CON PASIÓN. (ver **Santiago 5:16**)

3. ORA CON CONFIANZA. (ver **Salmos 24:3-40**)

4. ORA CON LA PALABRA DE DIOS. (**Romanos 10:17**)

MODELO DE ORACIÓN A.C.A.S.

A–ADORACIÓN

C–CONFESIÓN

A–ACCIÓN DE GRACIAS

S–SÚPLICA

1. FE

+ Sin fe es imposible agradar a Dios. Me acercaré a Él creyendo que recompensa a aquellos que lo buscan de corazón. (**Hebreos 11:6**)

- Señor, creo, pero ayúdame en mi incredulidad. (**Marcos 9:24**)

- No tendré miedo porque sé que Jesús calmará la tormenta. (**Mateo 8:26**)

- Me fortaleceré en la fe, dándole gloria a Dios. (**Romanos 4:20**)

- Camino por fe, no por vista. (**2 Corintios 5:7**)

- Pelearé la buena batalla, terminaré la carrera y guardaré la fe. (**2 Timoteo 4:7**)

2. PROVISIÓN

- Y Dios puede hacer que toda gracia abunde para mí, de manera que siempre, en toda circunstancia, tenga todo lo necesario, y toda buena obra abunde en mí. (**2 Corintios 9:8**)

. Fíjate en los cuervos: no siembran ni cosechan, ni tienen almacén ni granero; sin embargo, Dios los alimenta. ¡Cuánto más valgo yo que las aves! (**Lucas 12:24**)

- Buscaré primeramente el reino de Dios y su justicia, y todas estas cosas me serán añadidas. (**Mateo 6:33**)

- Mi Dios proveerá todo lo que necesite, conforme a las gloriosas riquezas que tiene en Cristo Jesús. (**Filipenses 4:19**)

- El Señor es mi pastor, nada me falta. (**Salmos 23:1**)

- He sido joven y ahora soy viejo, pero nunca he visto justos en la miseria, ni que sus hijos mendiguen pan. (**Salmos 37:25**)

- El que no escatimó ni a su propio Hijo, sino que lo entregó por todos nosotros, ¿cómo no habrá de darme generosamente, junto con él, todas las cosas? (**Romanos 8:32**)

3. RELACIONES

- Sobre todo, amaré a los demás profundamente, porque el amor cubre multitud de pecados. (**1 Pedro 4:8**)

+ Animaré y edificaré a otros. (**1 Tesalonicenses 5:11**)

+ Evitaré toda conversación obscena. Por el contrario, mis palabras contribuirán a la necesaria edificación y serán de bendición para quienes escuchan. (**Efesios 4:29**)

+ Seré siempre humilde, amable, paciente y tolerante con los demás en amor. Me esforzaré por mantener la unidad del Espíritu mediante el vínculo de la paz. (**Efesios 4:2-3**)

+ En todo tiempo ama el amigo; para ayudar en la adversidad nació el hermano. (**Proverbios 17:17**)

4. SANIDAD

+ Sáname, Señor, y seré sanado; sálvame y seré salvado, porque tú eres mi alabanza. (**Jeremías 17:14**)

+ ¿Está enfermo alguno de ustedes? Haga llamar a los ancianos de la iglesia para que oren por él y lo unjan con aceite en el nombre del Señor. La oración de fe sanará al enfermo y el Señor lo levantará. Y, si ha pecado, su pecado se le perdonará. (**Santiago 5:14-15**)

+ No temeré, porque Dios está conmigo; no me angustiaré, porque Dios me fortalecerá y me ayudará. (**Isaías 41:10**)

+ Jesús fue traspasado por mis rebeliones y molido por mis iniquidades; sobre él recayó el castigo, el precio de nuestra paz, y gracias a sus heridas he sido sanado. (**Isaías 53:4-5**)

+ Pero yo te restauraré y sanaré tus heridas, afirma el Señor. (**Jeremías 30:17**)

+ Alaba, alma mía, al Señor, y no olvides ninguno de sus beneficios. Él perdona todos mis pecados y sana todas mis dolencias;

él rescata mi vida del sepulcro y me cubre de amor y compasión. (**Salmos 103:2-4**)

5. ESTRÉS Y ANSIEDAD

✦ Podrán desfallecer mi cuerpo y mi espíritu, pero Dios fortalece mi corazón; él es mi herencia eterna. (**Salmos 73:26**)

✦ Pues Dios no me ha dado un espíritu de timidez, sino de poder, de amor y de dominio propio. (**2 Timoteo 1:7**)

✦ Cuando en mí la ansiedad iba en aumento, tu consuelo llenaba mi alma de alegría. (**Salmos 94:19**)

✦ No se inquieten por nada; más bien, en toda ocasión, con oración y ruego, presenten sus peticiones a Dios y denle gracias. (**Filipenses 4:6**)

✦ Depositen en él toda ansiedad, porque él cuida de ustedes. (**1 Pedro 5:7**)

6. SABIDURÍA

✦ El Señor da la sabiduría; conocimiento y ciencia brotan de sus labios. (**Proverbios 2:6**)

✦ No abandonaré nunca a la sabiduría, y ella me protegerá; la amaré, y ella me cuidará. La sabiduría es lo primero. ¡Adquiere sabiduría! Por sobre todas las cosas, adquiere discernimiento. (**Proverbios 4:6-7**)

✦ En cambio, la sabiduría que desciende del cielo es ante todo pura, y además pacífica, bondadosa, dócil, llena de compasión y de buenos frutos, imparcial y sincera. (**Santiago 3:17**)

✦ Mi corazón traza su rumbo, pero mis pasos los dirige el Señor. (**Proverbios 16:9**)

7. GOZO

+ Me considero muy dichoso cuando tengo que enfrentarme con diversas pruebas, pues sé que la prueba de mi fe produce constancia. (**Santiago 1:2-3**)

+ Oye, Señor; compadécete de mí. ¡Sé tú, Señor, mi ayuda! Convertiste mi lamento en danza; me quitaste la ropa de luto y me vestiste de fiesta. (**Salmos 30:10-11**)

+ El gozo del Señor es mi fortaleza. (**Nehemías 8:10**)

+ Que el Dios de la esperanza me llene de toda alegría y paz al creer, para que rebose de esperanza por el poder del Espíritu Santo. (**Romanos 8:13**)

8. PUREZA

+ Para los puros todo es puro. (**Tito 1:15**)

+ Dichosos los de corazón limpio, porque ellos verán a Dios. (**Mateo 5:8**)

+ Crea en mí, oh Dios, un corazón limpio, y renueva la firmeza de mi espíritu. (**Salmos 51:10**)

+ ¿Cómo puede el joven llevar una vida íntegra? Viviendo conforme a tu palabra. (**Salmos 119:9**)

+ Pensaré en todo lo verdadero, todo lo respetable, todo lo justo, todo lo puro, todo lo amable, todo lo digno de admiración, en fin, todo lo que sea excelente o merezca elogio. (**Filipenses 4:8**)

9. VICTORIA

+ Si Dios está de mi parte, ¿quién puede estar en contra mía? (**Romanos 8:31**)

- ¡Pero gracias a Dios, que nos da la victoria por medio de nuestro Señor Jesucristo! (**1 Corintios 15:57**)

. Me fortaleceré con el gran poder del Señor. (**Efesios 6:10**)

- Todo el que ha nacido de Dios vence al mundo. Esta es la victoria que vence al mundo: nuestra fe. (**1 Juan 5:4**)

10. PAZ

- Dejaré que en mi corazón gobierne la paz de Cristo. (**Colosenses 3:15**)

- La paz les dejo; mi paz les doy. Yo no se la doy a ustedes como la da el mundo. No se angustien ni se acobarden. (**Juan 14:27**)

- El Señor de paz me concede su paz siempre y en todas las circunstancias. (**2 Tesalonicenses 3:16**)

- Y la paz de Dios, que sobrepasa todo entendimiento, cuidará mi corazón y mis pensamientos en Cristo Jesús. (**Filipenses 4:7**)

Aprende más acerca de la oración y el ayuno
en zoechurch.org/pray

Acerca del autor

Chad Veach es el fundador y pastor principal de la Iglesia Zoe, una comunidad dinámica en el corazón de Los Ángeles, California. Durante los últimos 20 años, ha dedicado su vida al ministerio y a predicar el evangelio. Además de liderar la Iglesia Zoe, también es orador internacional, autor de tres libros: *¡Ayuda! Trabajo con personas, Faith forward future,* y *Unreasonable hope*; así como presentador de Leadership Lean In, un exitoso *podcast* sobre liderazgo. Chad y su esposa Julia residen en Los Ángeles con sus cuatro hijos: Georgia, Winston, Maverick y Clive.